学前教育专业技能综合实践

主　编　郑昌保
副主编　张梓凡　陈芳芳
参　编　陈莞雯　张震东

合肥工業大学出版社

图书在版编目(CIP)数据

学前教育专业技能综合实践/郑昌保主编. --合肥:合肥工业大学出版社,2025
ISBN 978-7-5650-6690-0

Ⅰ.①学… Ⅱ.①郑… Ⅲ.①学前教育-教学研究 Ⅳ.①G612

中国国家版本馆 CIP 数据核字(2024)第 037952 号

学前教育专业技能综合实践

郑昌保 主编　　　　责任编辑 袁 媛

出 版	合肥工业大学出版社	版 次	2025 年 7 月第 1 版
地 址	合肥市屯溪路 193 号	印 次	2025 年 7 月第 1 次印刷
邮 编	230009	开 本	787 毫米×1092 毫米 1/16
电 话	基础与职业教育出版中心:0551-62903120	印 张	12.25
	营销与储运管理中心:0551-62903198	字 数	282 千字
网 址	press.hfut.edu.cn	印 刷	安徽联众印刷有限公司
E-mail	hfutpress@163.com	发 行	全国新华书店

ISBN 978-7-5650-6690-0　　　　定价:45.00 元

前　言

在学前教育这片充满生机与希望的领域中，每位教育工作者都扮演着至关重要的角色。我们不仅是知识的传递者，更是孩子们心灵的引路人，用爱心、耐心与智慧，为他们铺设一条通往未来的光明之路。本书正是基于这样的使命与愿景，旨在为广大学前教育工作者提供一本集理论性、实践性、指导性于一体的综合性教材，助力学前教育工作者在专业技能的道路上不断前行，共同促进幼儿全面、和谐发展。

本书以幼儿园教育实践为核心，围绕幼儿园一日生活、游戏活动、集体教学、行为观察、环境创设、班级管理及教师艺术能力等关键领域，系统介绍了学前教育专业学生应掌握的核心技能与实践方法。全书共分为七章，每章内容紧扣学前教育实践中的具体问题，结合丰富案例和实际操作指导，帮助学生深入理解并掌握相关技能。第一章重点介绍幼儿园一日生活环节的组织与实践指导，涵盖晨间接待、餐点管理、午睡安排等日常活动的组织策略；第二章聚焦幼儿游戏活动的组织与实践指导，探讨如何通过游戏促进幼儿的身心发展；第三章围绕幼儿园集体教学活动的实践指导，分析如何设计并实施有效的集体教学活动；第四章介绍幼儿行为观察与实践指导，帮助学生掌握科学的观察方法与行为分析技巧；第五章探讨幼儿园环境创设与实践指导，强调环境对幼儿发展的重要性；第六章关注幼儿园班级管理与实践指导，提供班级管理的实用策略；第七章着重培养幼儿教师的艺术能力，浅析音乐、美术等艺术形式在学前教育中的应用。

为适应现代教育技术的发展，本书特别融入了微课教学模式。每章均配有相应的微课视频，通过生动形象的讲解与示范，帮助学生更直观地理解实践操作要点。微课内容不仅涵盖了书中的核心知识点，还提供了丰富的实际案例和操作技巧，方便学生随时随地学习与复习。这种线上线下相结合的教学模式，既符合当代学生的学习习惯，也为教师提供了多样化的教学手段。

我们深知，学前教育的实践是复杂多变的，需要教师们不断学习、反思和创新。因此，本书在注重理论阐述的同时，更加重视实践经验的分享与案例的剖析。我们联合一线幼儿园教师精心设计了多个核心章节，每个章节都紧密围绕学前教育工作的实际需求展开。从幼儿园一日生活环节的组织与实践，到幼儿游戏活动的创意策划与实施；从集体教学活动的精心设计与高效执行，到幼儿行为观察的细致入微与科学分析；从环境创设的艺术追求与教育内涵，到班级管理的智慧与艺术；再到幼儿教师艺术能力的全面培养与展现……我们努力覆盖学前教育的每一个细微之处，力求为教师们提供全方位、多层次的实践指导。希望通过真实的案例、生动的描述和具体的操作建议，帮助教师们更好地理解和应用所学知识，将理论与实践紧密结合，不断提升自己的专业素养和实践能力。

本书在编写过程中参考了国内外同行和广大实践工作者的诸多文献和资料，得到了江西省高等学校教学改革研究课题“师范认证背景下应用型高校学前教育专业课程体系优化与实践”课题组的支持，该课题的研究成果为本书的编写提供了坚实的理论基础和实践依据。

最后，感谢江西师范大学附属幼儿园、南昌市湾里管理局第一幼儿园等一线教师们的大力支持。衷心希望本书能够成为每一位学前教育工作者手中的宝贵资料库和心灵栖息地。愿它像一盏明灯，照亮你们前行的道路；像一座桥梁，连接你们与孩子们的心灵；像一艘航船，载着你们驶向更加辉煌的明天。让我们携手并进，在学前教育的广阔天地中，共同书写爱与智慧的华章！

编　者

2025 年 4 月

目　录

第一章　幼儿园一日生活环节的组织与实践指导

学习目标

知识目标

- 熟悉幼儿园生活活动的基本内容与要求。
- 掌握幼儿园生活环节的价值。
- 了解幼儿园生活环节的现状及问题。

技能目标

- 掌握幼儿园一日生活中各项基本操作规范。
- 能够针对生活活动中的问题进行解决。

情感目标

- 逐步具备科学的保教观念。

内容导航

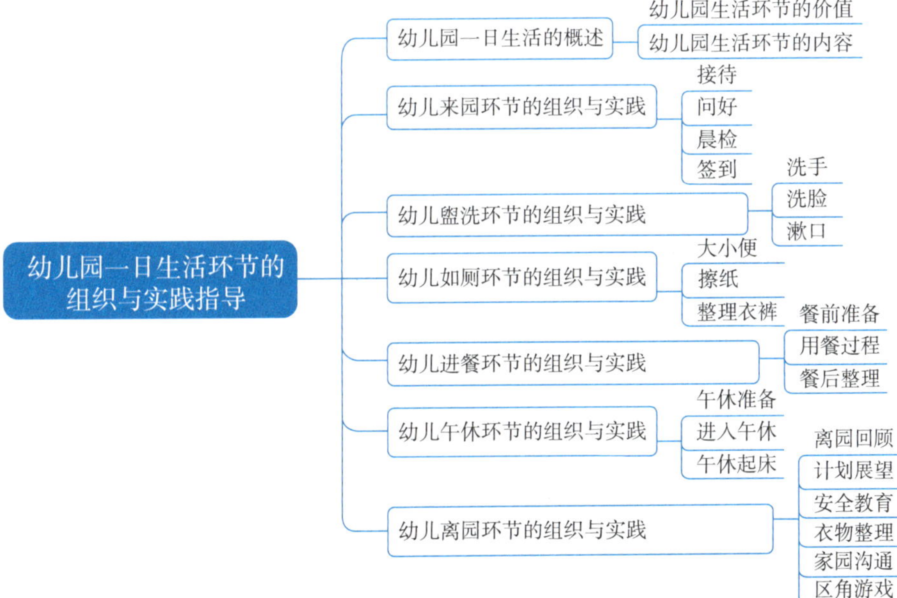

案例导入

幼儿园实习的第一天过去了，小王同学对幼儿园的工作充满了疑惑。这一天她在幼儿园大部分的时间都花在帮助幼儿吃饭、上厕所、喝水、起床等活动中。小王同学说："我感觉自己就像个保姆，这些工作有什么意义？我在学校学习了那么多的教学理论知识，感觉并没有发挥很大的用处。"幼儿园教师的工作究竟是怎样的？你如何看待小王同学的观点？

第一节　幼儿园一日生活的概述

一、幼儿园生活环节的价值

生活即教育。充分挖掘幼儿园一日生活中蕴含的多种价值，能够促进幼儿的发展，提升教师的专业能力及课程建设质量。

（一）幼儿园生活环节对幼儿发展的价值

幼儿园一日生活的价值体现在多个方面，它对幼儿的身心健康发展、良好习惯的养成、社交能力培养以及学习经验的积累都具有重要意义。

1. 促进幼儿身心健康

（1）促进幼儿身体健康

合理安排幼儿的一日生活，如定时进餐、按时睡觉、适量运动等，能够促进幼儿身体各系统的健康发育，提高免疫力，增强身体适应能力。科学的饮食搭配和适当的户外活动，有助于幼儿塑造健康的体魄。

（2）促进幼儿心理健康

良好的一日生活安排有助于幼儿心理的健康发展。幼儿在集体生活中能够感受到温暖、愉快和安全感，从而培养积极向上的情绪和态度，提高自我意识和自我控制能力。

2. 培养幼儿良好的生活习惯

（1）增强生活自理能力

通过日常活动，如自己穿衣、吃饭、整理玩具等，可以培养幼儿的自理能力。这些活动不仅能让幼儿掌握基本的生活技能，还能增强他们的自信心和独立性。

（2）养成良好的卫生习惯

在教师的引导下，幼儿养成饭前洗手、饭后漱口、定期洗澡等卫生习惯，有助于保持身体清洁与健康，预防疾病的发生。

（3）树立时间观念

通过一日生活的规律安排，幼儿能够逐渐形成时间观念，学会按时作息。这对他们未来的学习和生活都至关重要。

3. 促进幼儿学习成长

（1）促进幼儿认知发展

日常生活活动中蕴含着丰富的教育资源。例如，进餐时，幼儿可以了解食物的名称、颜色、形状等；在户外活动中，他们可以观察自然现象，了解季节变化等。这些活动有助于拓展幼儿的认知经验，促进其认知发展。

（2）增强幼儿的社交能力

在集体生活中，幼儿需要与同伴、教师等进行交流与互动。通过合作、分享和竞争等活动，他们能够学会如何与人相处，培养社交能力及团队合作精神。

（3）促进幼儿的情感发展

在日常活动中，幼儿能够感受到来自教师和同伴的关爱与支持。这种积极的情感体验有助于培养他们的情感表达能力，增强归属感和幸福感。

4. 培养幼儿的规则意识和责任感

（1）培养幼儿的规则意识

通过一日生活的有序安排，幼儿能够逐渐理解并遵守各类规则。例如，在排队时保持安静、在游戏中轮流进行等。这些活动有助于培养他们的规则意识，并为他们未来的社会生活奠定基础。

（2）培养幼儿的责任感

在值日活动、小组任务等环节中，幼儿可以承担一定的责任与义务。通过完成这些任务，他们能够感受到自身的价值与重要性，从而培养其责任感与使命感。幼儿园的一日生活能够保障和支持幼儿生理活动的正常进行，进一步促进幼儿身体各系统的健康发育。通过科学合理的作息安排，如户外活动和体育锻炼等，有助于增强幼儿体质，提升免疫力。

（二）幼儿园生活环节对教师专业发展的价值

1. 提升教育能力

（1）提升教学设计与组织能力

通过合理安排幼儿的一日生活活动，教师能够提升自身的教学设计与组织能力。这些活动不仅包括教学环节，还涵盖日常生活内容，如进餐、午睡、盥洗等。教师需要精心策划与组织，以确保活动的有序开展，并实现预期的教育目标。

（2）提升观察与评估能力

在日常活动中，教师可以近距离观察幼儿的行为和表现，了解他们的兴趣、需求及发展水平。这种观察有助于教师更准确地评估幼儿的发展状况，为后续教学计划的制订提供依据。

2. 促进教师的专业成长

（1）理论与实践相结合

在日常生活活动的组织中，教师可以将所学的教育理论知识与实践相结合，不断检验和提升自己的专业能力。例如，通过实施科学的生活作息制度，教师能够更深入地理解幼儿身心发展规律，从而更好地满足他们的成长需求。

（2）反思与改进

在组织日常生活活动的过程中，教师会不断面临各种问题和挑战。通过反思与总结，教师能够发现自身的不足以及需要改进之处，从而持续完善教学方法与策略。

二、幼儿园生活环节的内容

（一）来园

来园主要内容包括接待、问好、晨检、签到、整理携带的衣物、与家长沟通、晨间谈话、劳动和值日（如整理小抽屉、照顾自然角、擦拭桌椅柜）、观察自然角以及记录天气状况等。

（二）离园

离园前，教师应与儿童一起整理活动室，指导儿童整理需带回家的物品，并组织安静的活动等候家长。在交接环节，教师必须亲自见到家长后才能允许儿童离开，对于暂时未能接走的儿童，应安排安静的活动并陪同等待。离园时，教师应与家长沟通儿童在园的表现，并提醒家长注意家庭教育中的相关事项。

（三）进餐

幼儿园提供三餐一点或两餐一点的餐饮服务。教师指导儿童正确使用餐具，安静进餐，不催促，不挑食。服务内容包括餐前准备（如餐前消毒、餐点数量、温度和口味的准备、餐点品种播报、布置餐点区）、自主用餐及餐后整理（包括自我整理和集体整理）等。

（四）午休

午休的主要内容包括午休前的准备（散步、上厕所、播放音乐等）；午休中的组织（巡视睡姿、安抚入睡等）；午休后的组织（唤醒幼儿、整理床铺等）。

（五）盥洗

盥洗的主要内容包括洗手、擦手、漱口、擦嘴、护肤等。

（六）如厕

如厕的主要内容包括大小便、擦卫生纸、整理衣裤、保护隐私等。

第二节　幼儿来园环节的组织与实践

一、接待

见到幼儿和家长时，教师应主动面带微笑，热情问好。可以弯腰或下蹲，给予幼儿拥抱，以增加亲近感。对于有特殊需求的幼儿，教师应迅速简要地了解情况并做好记录，以便后续关注。教师需留意幼儿的情绪状态，对初入园或情绪不稳定的幼儿，给予更多关爱和安抚，例如，通过亲吻、拥抱或游戏等方式帮助他们缓解紧张情绪。教师应引导幼儿与家长进行简短的告别，鼓励幼儿勇敢、独立地开始幼儿园生活。

二、问好

入园时与幼儿问好的方法多种多样，旨在营造温馨、亲切的氛围，让幼儿感受到教师的关爱与欢迎。以下是一些具体的问好方法：

（一）亲切呼唤法

教师站在幼儿园门口或教室门口，面带微笑，用亲切的声音呼唤幼儿的名字，并加上“早上好”“你好呀”等问候语。这种方法能让幼儿感受到被重视和关注，有助于建立师生间的情感联系。

（二）拥抱与亲吻法

对于年龄较小或初入园的幼儿，教师可以主动拥抱他们，或轻轻亲吻他们的额头或脸颊，同时说出问候语。拥抱和亲吻能够传递温暖与安全感，帮助幼儿缓解分离焦虑，更快适应新环境。

（三）握手与击掌法

教师伸出手与幼儿握手，或与幼儿击掌，同时用欢快的语气说出问候语。这种方法适用于年龄稍大的幼儿，能让他们感受到与教师的平等和友好，增强自信心。

（四）问候游戏法

教师设计一些简单的问候游戏，如“你好，你好，点点头”和“你好，你好，笑一笑”等。教师可以与幼儿一起边做动作边问候。这种游戏化的方式能让问候变得更有趣、更生动，吸引幼儿的注意力，同时也促进了他们的身体协调性发展。

（五）个性化问候法

教师根据幼儿的性格特点和兴趣爱好，设计个性化的问候语。比如，对于喜欢动物的幼儿，教师可以说：“嗨，小兔子，今天来得真早！”个性化的问候能让幼儿感受到教师的关心与了解，增强他们的归属感和自我价值感。

【案例分析】

不愿主动问好的浩浩

刚入小班的浩浩，每天早晨被妈妈送到幼儿园门口时，总是紧紧拉着妈妈的手，眼里闪烁着不安。即便老师面带微笑，热情地迎向他，准备与他打招呼，浩浩也总是低头不语，或者小声嘟囔一句含混不清的问候，然后迅速躲到妈妈身后，或紧紧抱住妈妈的腿，不愿松手。

【思考】面对不愿主动打招呼和问好的幼儿该怎么办？

【问题分析】

这是小班孩子容易出现的问题。为了培养他们良好的礼貌习惯和独立自信的品质，教师可以采取以下措施：

1. 建立信任关系

首先，教师要耐心倾听幼儿的心声，理解他们不愿意问好的原因，可能是害羞、不安或对新环境不适应。通过倾听，教师能让幼儿感受到被重视和理解。其次，在日常接触中，教师可以通过温柔的语言和动作与幼儿互动，例如轻轻抚摸他们的头、给予温暖的拥抱，让他们感受到教师的关爱与亲近。

2. 渐进式引导

教师可以为幼儿设定一系列小目标，从最初的点头示意，逐渐过渡到轻声问候，最终达到大声说出问候语的目的。幼儿每达成一个小目标，教师都应给予及时的鼓励和表扬。同时，教师应在幼儿感到舒适和安全的环境下进行模拟问好的练习。起初，教师可以让幼儿与熟悉的教师或玩偶练习，再逐步过渡到向其他幼儿问好。

3. 正面激励

教师设立奖励机制，如准备小星星、小贴纸等小礼物，作为幼儿主动问好的奖励。这种正向反馈可以增强幼儿的自信心和积极性。每当幼儿取得进步时，教师应及时给予肯定和表扬，让他们感受到自己的努力和进步被关注与认可。

4. 营造友好的氛围

教师可以成为幼儿学习问好的表率，主动向每位幼儿问好，并鼓励其他幼儿也这样做。同时，教师还可以对那些主动问好的幼儿给予表扬，为他们树立榜样。教师应组织一些需要幼儿互动的集体活动，如小组合作游戏、角色扮演等，让幼儿在轻松愉快的氛围中自然而然地学会问好。

5. 家园合作

教师应与幼儿家长保持密切联系，定期交流幼儿在园的表现与进步情况。教师要了解幼儿在家中的表现及需求，与家长商讨帮助幼儿克服不愿主动问好的问题。教师要与家长就教育目标和方法达成一致，确保在家中和幼儿园都能对幼儿进行一致的教育与引导。

6. 耐心等待与持续关注

每个幼儿的成长速度和节奏各不相同，教师需耐心等待他们逐渐适应新环境并克服心理障碍。同时，教师应持续关注幼儿的变化与进步，及时调整教育策略和方法，以更好地满足他们的发展需求。

模拟实训

请你写下不少于三种问好的方式和语言，并且在幼儿来园的时候进行实践。

____

____

____

三、晨检

教师应提醒家长协助幼儿进行晨检，包括检查幼儿的身体状况、精神面貌等，以及是否携带不安全物品。对于有特殊需求的幼儿，教师应迅速了解情况并做好记录，以便后续关注。

【知识拓展】

晨检四步曲

一摸：摸摸幼儿的额头，观察是否有发热症状，有症状者要测体温，如有发热，要询问行程，采取疾病防控必要措施，患传染病的幼儿康复后才可来园。

二看：看幼儿的面色和精神是否异常，有无流涕、结膜充血的症状，皮肤有无皮疹、咽部是否红肿、体表有无伤痕。

三问：向家长询问前一天幼儿在家的饮食、睡眠、大小便情况。

四查：检查幼儿是否随身携带危险物品，着装是否符合安全要求。

四、签到

教师指导幼儿进行来园签到，在签到过程中学习书写自己的名字、学会查看日历、认识时钟等；教师指导幼儿参与统计来园的幼儿人数，并比较和发现来园时间的早晚、小组中缺席的幼儿等。签到形式有很多，可以包括画画签到、按来园时间签到、插卡签到、插照片签到等，如图 1－1 至图 1－4 所示。

图 1－1 签到角

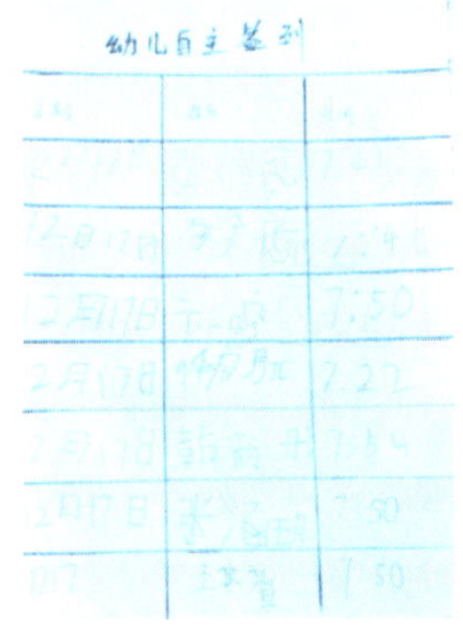

图 1－2 按来园时间签到

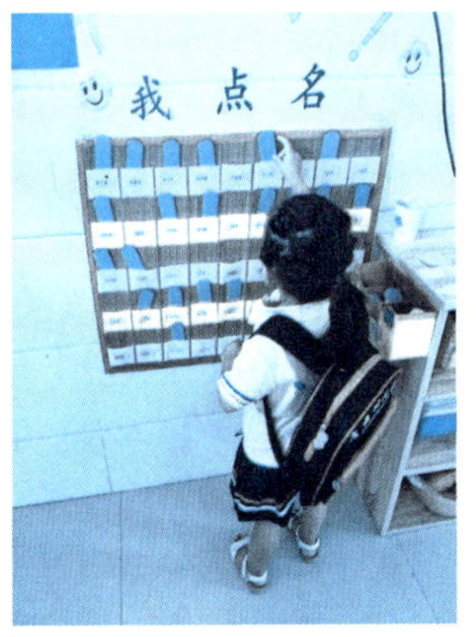

图 1－3 插卡签到

图 1－4 插照片签到

模拟实训

请你设计一块签到板并且放置在幼儿园签到角处，反思实施中的问题并解决。

综合实训

项目名称：幼儿来园环节的组织与实践

【实训目标】

(1) 掌握幼儿来园环节的内容以及教师的工作要求。

(2) 能够有序地开展来园活动，并尝试解决来园环节的问题。

【实训准备】

(1) 知识准备：了解来园环节的组织与指导要求，熟悉幼儿的名字。

(2) 物质准备：幼儿园环境、幼儿、签到板等。

(3) 情感准备：保持积极饱满的状态，热爱幼儿。

【实训步骤】

(1) 通过学习掌握幼儿来园的相关理论知识。

(2) 小组合作设计签到板，并确定问候的具体方式和语言。

(3) 小组内成员进行来园环节的模拟实施，并进行改进和完善。

(4) 进入幼儿园组织一次幼儿来园活动。

【实训评价】

(1) 小组内成员对实训进行反思和总结，提出存在的问题。

(2) 小组之间共同讨论存在的问题，并提出解决策略。

(3) 教师进行总结并提出修改意见。

第三节　幼儿盥洗环节的组织与实践

幼儿盥洗环节是幼儿一日生活活动中不可或缺的一部分，它贯穿幼儿生活的各个方面，对于培养幼儿良好的生活习惯和独立能力具有重要意义。盥洗环节的主要内容可以归纳为以下几个方面：洗手、洗脸和漱口。

一、洗手

幼儿在饭前便后、活动前后等时机均需洗手。洗手是盥洗环节中最基础且最重要的内容之一。教师应指导幼儿正确使用洗手液或肥皂，按照规范的步骤进行洗手，包括卷袖子，打开水龙头，冲洗手部，涂抹洗手液，揉搓手心、手背、指缝、手掌及手腕，最后用清水冲洗等步骤，确保手部彻底清洁。

【案例分析】

不愿洗手的小明

一天下午，阳光明媚，小明在幼儿园的户外区域玩得不亦乐乎。他先在沙坑里建造了一座雄伟的“城堡”，然后又跑到草地上追逐蝴蝶，小手不时触碰着草地上的小草和偶尔路过的小虫子。玩累后，小明满头大汗地回到教室，准备吃点心。

这时，老师提醒所有小朋友去洗手。小朋友们一个个排好队，认真地用洗手液搓洗着小手。然而，小明却悄悄地从队伍旁边溜走了。他觉得自己的手并不脏，而且担心洗手会耽误他吃点心的时间。不一会儿，小明就坐到了桌子前，大口大口地吃起点心。面对不爱洗手的幼儿，该如何处理呢？

【问题解析】

1. 欣赏文学作品，感受洗手的重要性

单凭教师说教很难达到理想的教育效果。教师可以选择《洗手歌》《不爱洗手的小熊》等一些生动的绘本故事。通过欣赏这些文学作品，幼儿不仅能在轻松愉快的氛围中感受到洗手的重要性，还能在潜移默化中养成良好的卫生习惯。

2. 洗手过程游戏化

增加洗手的趣味性。教师可以选择或创作与洗手相关的儿歌，通过歌曲的节奏和歌词引导幼儿完成洗手的各个步骤。在洗手时，教师可以鼓励幼儿将更多肥皂或洗手液涂抹在手上，引导他们观察并感受泡泡的产生和变化，同时用双手搓出更多泡泡。在冲洗泡泡的过程中，教师可以让幼儿尝试用水流将泡泡冲走，并观察泡泡消失的过程。教师通过利用肥皂或洗手液产生的泡泡，吸引幼儿的注意力，使他们在玩乐中完成洗手。

模拟实训

在幼儿园生活环节的需求调查中，有幼儿提出盥洗环节需要老师的提醒与帮助，例如洗手时需要老师帮忙拉袖管等。确实，由于幼儿能力存在差异，班上总有一部分幼儿需要老师多次帮助和提醒，但老师往往没有足够的时间逐一进行。那么，有什么方法可以做到巧妙提醒并帮助这些幼儿呢？

____

____

____

____

____

二、洗脸

洗脸活动一般在餐后进行。教师需引导幼儿了解当脸脏时应将脸洗干净，以保证仪表整洁。洗完脸后，教师可以引导幼儿照镜子，感受洗脸后的清爽。此外，在秋冬季节，教师还需帮助幼儿涂抹护肤霜，保护皮肤。

三、漱口

漱口活动通常在幼儿每餐后进行，一般每天需要进行三次左右。教师需指导幼儿正确使用漱口杯，将漱口水含在口中鼓漱 3～5 次，再轻轻吐入水池，注意避免将水咽下。漱口有助于保持口腔清洁，预防口腔疾病。

【案例分析】

漱口时玩水

小明拿着漱口杯，像往常一样走到漱口池前。他先认真地接了一些水，然后转过身，准备漱口。但就在这时，他的目光突然被水面上泛起的涟漪吸引住了。

他没有立即漱口，而是先轻轻用舌尖触碰了一下水面，注视着水波一圈圈地散开。接着，他似乎发现了新的乐趣，开始小心翼翼地用杯子里的水在口中制造“小喷泉”。他轻轻含住一口水，然后用力喷出，水柱在空中划出一道弧线，溅落在水池边缘，激起一朵朵小水花。

看到自己的“作品”，小明兴奋不已，开始尝试不同的喷水方式。他有时将水含在嘴里，然后用舌尖控制水流的方向；有时将头侧向一边，让水从嘴角缓缓流出，形成一股细细的水流。他还用手掌轻轻拍打水面，看着水花四溅，笑得合不拢嘴。

【问题分析】

小明在漱口时玩水的行为，虽然看似分心，但实际上是他对水的天然好奇心和探索欲的表现。作为教师，我们应当在保护幼儿好奇心的同时，引导他们正确认识和使用水资源。通过耐心的指导和示范，我们能够帮助幼儿养成良好的卫生习惯，让他们在快乐中成长。

1. 正面引导与解释

首先，与小明进行一对一的沟通，用简单易懂的语言解释漱口的重要性，以及为什么不能在漱口时玩水。可以告诉他，漱口是为了保持牙齿干净和健康，而玩水可能会导致水溅到身上或地上，引发不必要的麻烦。

2. 制定明确的规则

在班级中制定明确的漱口规则，包括漱口的时间、步骤以及禁止行为（如玩水）。让小明明白这些规则是每位同学都需要遵守的，以增强其规则意识。

3. 提供替代活动

如果小明对水有特别的兴趣，可以为他提供一些与水相关的替代活动，如科学小实验（需确保安全）、绘画时使用水彩颜料等，以满足他的探索欲和好奇心。

4. 示范与模仿

教师可以亲自示范正确的漱口方法，并鼓励小明模仿。通过模仿，小明可以更加直观地学习漱口的正确步骤和注意事项。对于盥洗室水龙头前镜子上溅到的水渍，可以将擦镜子的任务交给幼儿，并提供各种材质的布和纸，让幼儿在参与擦镜子劳动的同时，感受布和纸吸水性的不同，探索科学奥秘，同时积累生活经验。

综合实训

项目名称：幼儿盥洗环节的组织与实践

【实训目标】

（1）掌握幼儿盥洗环节的内容以及教师的工作要求。

（2）能够有序地开展盥洗活动，并尝试解决盥洗环节的问题。

【实训准备】

（1）知识准备：了解盥洗的基本流程及注意要点。

（2）物质准备：盥洗室、幼儿、盥洗环境指示标志等。

【实训步骤】

（1）通过学习掌握幼儿盥洗的相关理论知识。

（2）小组合作设计洗手儿歌和盥洗室环境提示标志。

（3）小组内成员进行盥洗环节的模拟实施，预设相关问题及解决策略，并加以改进和完善。

（4）进入幼儿园组织一次幼儿盥洗活动。

【实训评价】

盥洗环节秩序良好，幼儿能够有序、认真地洗手。教师关注每个幼儿的个别需求，并能抓住盥洗环节的教育契机对幼儿进行指导。盥洗室的环境设计合理，洗手步骤规范。

第四节　幼儿如厕环节的组织与实践

幼儿如厕环节虽然看似简单平常，但实际上蕴含着丰富的教育价值和生活能力培养的意义。它不仅关乎幼儿生理健康的维护，而且是幼儿心理发展、社会适应能力及自理能力提升的重要过程。因此，教师应认真梳理如厕环节的内容，挖掘其隐含的教育价值，促进幼儿身心健康、和谐发展。

一、大小便

教师应引导幼儿养成按时排便的习惯，正确使用幼儿园的坐便器和蹲便器，做到自主如厕。幼儿在需要帮助时，能够及时向老师求助。同时，教师要培养幼儿良好的如厕习惯，如按时排便、便后洗手等。在条件允许的情况下，教师可以组织男女幼儿分别如厕，并适时进行性别认知和性别认同的引导，如图 1－5、图 1－6 所示。对于因如厕问题而感到紧张、害羞或不安的幼儿，教师应给予充分的安抚和鼓励，帮助他们克服心理障碍。教师还应引导幼儿根据身体信号及时如厕，做到不憋尿、不憋便、不尿裤、不尿床，养成每日规律排便的习惯。此外，教师应引导幼儿学会观察和比较尿液颜色的深浅，了解身体缺水情况并及时饮水。同时，教师通过观察和比较大便的次数、形状、颜色、软硬、气味等，帮助幼儿了解自己的身体状况，并尝试调整饮食。

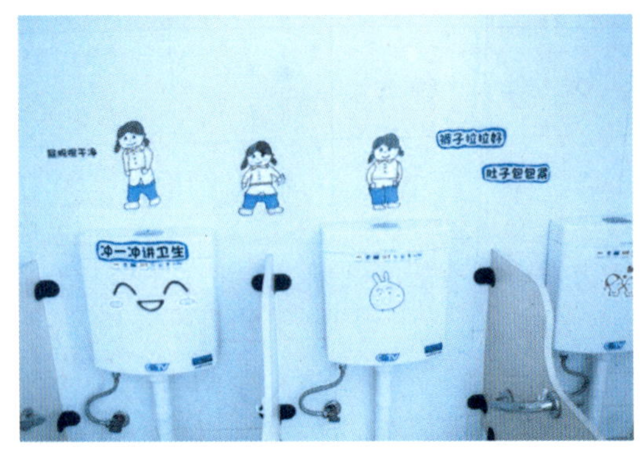

图 1－5　幼儿园厕所标记

图 1－6　幼儿如厕标记

【案例分析】

不能自主及时如厕

在一次幼儿园的游戏区活动中，小玉（大班幼儿）正在与西西等小伙伴玩耍。当小玉提出想去卫生间时，西西劝阻她："你先别去，一会儿再去。"结果，小玉因为长时间憋尿而最终尿了裤子。类似的情况不仅发生在小玉身上，其他小班小朋友也时常经历。当小朋友有尿意或便意时，如果没有及时去盥洗室排尿（便），就可能导致尿裤子。那么，如何培养幼儿主动如厕的意识呢？

【问题分析】

对于大班幼儿，他们已经具备自主如厕的能力。但由于意志力、意识等因素的影响，部分大班幼儿仍存在尿裤子现象。针对这一现象，可以从以下几点着手处理：

1. 及时处理与安抚

对于大班的幼儿，他们已经具备强烈的自我意识和羞愧感。当发现幼儿尿裤子时，教师应以温和的态度安抚幼儿，不要责备或嘲笑，以免加重其心理负担。随后，教师应立即帮助幼儿更换干净的衣物，以避免其因湿冷或感到不适而引发其他健康问题。

2. 了解原因

教师要以温和的语气询问幼儿尿裤子的原因，了解他是否因为玩耍忘记了、感到紧张害怕或是由于其他生理原因。在日常生活中，教师应注意观察幼儿是否存在憋尿或频繁上厕所的现象。根据具体原因，有针对性地实施相应策略。

3. 个别提醒关心

《幼儿园课程质量评估与提升指导手册》要求教师淡化一日活动中各环节的过渡，每个环节过后，幼儿可以自主进入下一个环节。在如厕环节中，为避免人数过多引起拥挤，教师应避免集体性提醒，注重个别化提醒，特别是对年龄较小的幼儿、有特殊需求的幼儿、容易尿裤子的幼儿以及活动时间过长的幼儿，避免部分幼儿因长时间专注投入活动而忘记上厕所。在进行个别提醒时，教师也要让幼儿感受到关怀，营造更加温馨的生活氛围。

4. 特定音乐提醒

在需要提醒集体如厕的环节，如睡前、睡醒时段，教师可以与幼儿一起选择某首

（段）音乐作为提醒如厕的特定音乐。例如《嘘嘘歌》《我会自己上厕所》等歌曲，曲调欢快、明朗，非常适合用来提醒幼儿如厕。同时，音乐还能营造宽松、愉悦的如厕氛围，帮助幼儿消除紧张情绪，在愉快的氛围中如厕。

二、擦纸

教师引导幼儿在如厕后学会正确使用卫生纸，合理控制纸张用量，并将用完的卫生纸投入垃圾桶内。

【案例分析】

不会擦屁股，纸张使用不当

在幼儿园的日常活动中，生活自理能力的培养是重要的一环。某天下午，我作为观察者，在幼儿午睡后的如厕时间，注意到一位名叫小乐的孩子在尝试自己擦屁股的过程中遇到了一些挑战。小乐从卫生纸盒中抽出一张卫生纸，但似乎没有意识到需要足够的纸张。他轻轻地按了一下屁股，随即移开，看上去像是在完成一个形式上的动作，而实际上并没有达到清洁效果。接着，小乐可能觉得一张纸不够，于是又连续抽了几张，但这几次他选择的是较为轻薄的面巾纸，而非卷纸。由于面巾纸吸水性不强且容易破裂，他在擦拭时显得有些力不从心，纸张很快用完，问题仍未解决。

【问题分析】

幼儿在生活自理能力方面尚处于学习阶段，需要成人给予足够的耐心和指导。在幼儿园的如厕环节中，教师应保持管理的敏感性，能够预见或观察到幼儿的需求和问题，适时拓展幼儿的经验，深化当前的学习，帮助他们获得新经验并养成更好的生活习惯。

1. 学习正确的擦屁股方法

教师可以为幼儿学习正确的擦屁股方法提供示范。例如，采用娃娃或人体模型进行直观演示，展示如何正确折叠卫生纸，以及擦拭的方向和力度。制作或寻找适合幼儿观看的如厕后擦拭的教学视频，通过动画或卡通人物展示正确的方法。这类视频教学可以吸引幼儿的注意力，并让他们在轻松、愉快的氛围中学习。

此外，教师可以组织幼儿进行角色扮演游戏，例如“小医生帮小熊擦屁股”，让幼儿在游戏中练习正确的擦拭方法。教师还可以组织“我会用卫生纸”的活动，通过观看动画视频、谈话交流等方式，帮助幼儿了解在不同如厕情况下如何正确用纸。

具体而言，大便后，幼儿需要用卫生纸从前到后擦拭，擦完一遍后将卫生纸对折，再用干净的一面继续擦拭，直到卫生纸上没有残留物，说明屁股已擦干净。小便后，女孩可以用纸擦 1～2 下，男孩则通常不需要擦拭。

2. 布置如厕纸张提示图

幼儿对纸张的使用量缺乏明确的感知。教师可以组织幼儿进行讨论，确定不同情境下纸张的使用量。同时，教师可以在卫生间布置卫生纸使用量提示图，让幼儿获得直观的认识。教师通过图文和数字结合的方式，提醒幼儿适量取用纸，如厕时做到节约用纸。

3. 区角练习使用卫生纸

为了帮助幼儿提升如厕的自我服务能力，掌握擦屁股和使用卫生纸的方法，教师在区角游戏中投放相应材料，供幼儿练习和巩固。例如，在生活区里投放布娃娃、卷纸、抽纸以及擦屁股方法的演示图片，让幼儿在轻松、快乐的氛围中进行过家家游戏。

三、整理衣裤

教师引导幼儿在如厕后整理好自己的衣裤，乐于帮助他人，并与他人互相合作。幼儿在无法完成任务时，敢于向老师表达并寻求帮助。

【案例分析】

不会脱裤子和穿裤子

我们班的玉玉小朋友每天都穿得非常时尚，背带裤、长裙、紧身裤是她的最爱。然而，她每次如厕时，要么解不开扣子，要么把裙子弄湿，还有几次因为不会脱裤子差点尿在身上。同时，复杂的服饰也给玉玉如厕后整理衣服带来了困难，有时候裤子太紧，甚至提不上去。为此，我们采取了以下策略来帮助她。

【问题分析】

1. 改穿合适的服装

幼儿出现裤子提不上去的窘况，往往是由于穿了不合适的服装。在给幼儿选购服饰时，家长常常只考虑服装的款式，而忽略了服装的舒适性。家长在选购幼儿服装时，应考虑舒适、安全和便捷，因为不合适的穿着会影响幼儿的正常生活。通过与家长的沟通，我们取得了他们的配合，现在玉玉不再穿着过紧的裤子、连体裤或有过多装饰的衣服来幼儿园了，如厕也变得更加方便。

2. 学习提裤子的方法

中小班的幼儿手部力量较小，提裤子便成了如厕环节的一个难点。我们与幼儿一起认识“裤腰”，通过语言提示“拉住裤腰往上拉”，指导幼儿先拉小短裤，再拉外面的裤子，从里到外逐条整理，防止因为同时拉所有裤子而导致小短裤没提上来，进而走路摔跤的情况。我们鼓励幼儿自己动手尝试穿衣，即便穿得不好也没关系，教师会再次帮助整理。这样做既给了幼儿动手实践的机会，又帮助他们建立了自信心。

3. 创设机会多学习

学习脱裤子和翻裤子的方法不仅仅局限于如厕环节。教师可以利用幼儿午休和游戏活动再次进行练习。例如，脱裤子时幼儿容易将裤子弄反，给起床穿裤子带来麻烦，而中小班的幼儿又不太会翻裤子。因此，翻裤子也成为幼儿生活技能学习的重点。教师可以在生活区提供衣裤，让幼儿在“晾晒衣裤”的游戏中学习翻袖子、翻裤管，同时感知里外、前后、正反等方位。凡是幼儿能够自己做的，教师都鼓励他们自己做。在反复学习的过程中，幼儿从一开始依赖教师帮助逐步树立起自己动手的意识，生活自理能力和独立生活意识得到了进一步增强。

模拟实训

在幼儿园生活环节需求调查中，近80%的幼儿表示需要教师帮忙擦屁股、整理衣服，并希望教师教导他们擦屁股和整理衣服的方法，其中小班年龄段的幼儿对此需求尤为突出。请设计一个关于擦屁股和整理衣服的集体活动，并予以实施。

第五节　幼儿进餐环节的组织与实践

日托幼儿园餐点供应的要求是“一餐两点”，即午餐和早点、午点。当然，也有幼儿园提供“三餐两点”，即早餐、午餐、晚餐和早点、午点。幼儿园进餐环节是幼儿日常生活中重要的一部分，它不仅关乎幼儿的营养摄入和健康成长，也是培养幼儿良好生活习惯、社交能力和自理能力的重要时机。以下是幼儿园进餐环节通常包含的内容：

一、餐前准备

进餐前的准备主要包括环境布置、洗手习惯和情绪准备。教师在进餐前可以与幼儿一同确保餐桌、餐椅干净整洁，并摆放好餐具（如碗、盘、勺、筷、餐巾纸等），以营造温馨、有序的用餐环境。同时，教师需组织幼儿进行餐前洗手，教授并强调正确的洗手方法，培养幼儿的个人卫生习惯。此外，教师还可以通过讲故事、唱儿歌或简单的游戏等方式，帮助幼儿放松心情，愉快地做好进餐准备。

【案例分析】

进餐环境不够好

在进餐过程中，部分幼儿园要求幼儿保持绝对安静，不允许发出声音或进行任何交流。这种过于压抑的进餐环境会让幼儿感到紧张和不适，无法享受进餐的乐趣。在一项关于幼儿园生活环节的调查中，一些幼儿表示希望在用餐过程中能够倾听优美的音乐，使用更美观的餐具，并期望拥有一个更舒适的进餐环境。那么，如何为幼儿营造一个良好的进餐环境呢？

【问题分析】

为了给幼儿营造一个良好的进餐环境，可以从以下几点进行尝试：

1. 播放音乐

在幼儿进餐准备环节播放音乐，可以起到调节氛围、促进食欲、提高幼儿进餐兴趣的作用。进餐时，教师可以选择轻快、愉悦的音乐，如《蓝色多瑙河圆舞曲》和《梦中的婚礼》等。这些音乐能够帮助幼儿保持愉快的心情，增加进餐的乐趣。此外，教师还可以根据不同的季节、节日或活动主题选择不同风格的音乐进行播放，以增强进餐环节的趣味性和多样性。例如，春季可以选择轻快、生机勃勃的音乐，如《春之歌》《春天在哪里》等，以展现春天的活力和希望，让幼儿感受到万物复苏的美好。除由教师播放音乐外，幼儿也可以选择音乐。幼儿想听的音乐，可以由幼儿轮流选择，也可以由幼儿自行提供。在家长的协助下，幼儿可将自己喜欢的音乐发送给教师，并由该幼儿在餐前进行介绍，然后在用餐时播放。这不仅丰富了餐点环节，还能促进幼儿音乐智能的发展。

2. 提供各种造型的餐具

为了使点心环节的氛围更加温馨，教师可以铺设一块色彩鲜艳、图案有趣的桌布或餐垫，以增加餐桌的趣味性，吸引幼儿的注意力。同时，教师应提前对桌面进行清洁和消毒，确保桌面干净卫生。餐具方面，教师除了选择安全且大小合适的餐具，还可以选用不同造型的餐具，例如动物造型，以激发幼儿的进餐兴趣。

3. 允许幼儿具有一定的自主权

教师提供多样化的食物，允许幼儿在一定范围内自主选择食物。例如，教师可以提供几种不同的菜品或主食供幼儿选择，让他们根据自己的喜好进行搭配。在合理的范围内，教师允许幼儿根据自己的节奏和速度用餐，不要过于催促或限制他们的用餐时间。当幼儿表示不喜欢某种食物时，教师应尊重他们的选择，不要强迫他们食用。同时，教师可以通过引导和教育，让他们逐渐接受并尝试不同的食物。此外，教师还可以让幼儿自主选择进餐的伙伴以及培养他们自主服务的能力。

二、用餐过程

在用餐过程中，教师可以引导幼儿自主简要介绍当天午餐或点心的名称、颜色、形状及营养价值，激发幼儿对食物的兴趣和好奇心。教师应鼓励幼儿尝试新的食物，培养其不挑食、不偏食的良好习惯。在分发餐具时，教师可以让幼儿参与其中，鼓励他们自行取餐、用餐，以培养其自理能力。对于年龄较小或能力较弱的幼儿，教师可适当给予帮助。进餐时，教师应引导幼儿细嚼慢咽，注意餐桌礼仪，如不大声喧哗、不随意走动等。同时，教师应观察幼儿的进食情况，适时提醒他们保持桌面整洁，并在用餐结束后将自己的餐具放回指定位置。

三、餐后整理

进餐后，教师要组织幼儿进行餐后漱口或刷牙，保持口腔清洁。教师应引导幼儿参与餐桌及周围环境的整理工作，如擦桌子、摆放椅子等，培养他们的责任感和劳动意识。教师应提醒幼儿进行适当的活动，如散步、做轻松的游戏等，以帮助他们消化食物。进餐后，教师可以通过讨论、分享等形式，让幼儿回顾进餐过程中的表现，表扬幼儿的进步和良好行为，并针对出现的问题进行引导和纠正，例如挑食、浪费食物等，加强相关教育。

模拟实训

请对幼儿进餐环节进行观摩，分析进餐过程中教师的工作流程，记录幼儿进餐过程中存在的问题，并思考相应的解决策略。

第六节 幼儿午休环节的组织与实践

如果将午休环节仅仅理解为幼儿睡觉的时间，那是远远不够的。午休环节包含多项内容，如睡前准备（如脱衣、盖被等），温馨午睡（如睡姿管理、恋物管理、尿床管理等），以及睡起活动（如穿衣、叠被、梳头、自由活动等）。午休环节在幼儿园生活环节中占据较长时间，需要保教人员加强合作，才能充分体现午休环节的价值。

一、午休准备

教师播放音乐或故事，创设温馨的午睡氛围；提醒幼儿自行将小椅子翻到桌上，为保育老师拖地提供方便，也可将外套脱下塞到翻起的椅子里；提醒幼儿自行如厕；提醒女孩将头上的发饰取下；提醒睡在上铺的幼儿注意安全，防止摔落；提醒并检查幼儿是否穿着适量的衣服睡觉，并将脱下的衣服和裤子摆放平整，同时检查幼儿有无携带小碎件、小玩具上床；检查幼儿的盖被情况。待全体幼儿入睡后，教师要拉好窗帘，关闭灯光，保持适宜的睡眠光线。

二、进入午休

教师在午睡过程中不得从事与看护幼儿无关的事情（如串岗、离岗、聊天、玩手机、睡觉等），需认真看护幼儿午睡。具体要求如下：

（1）关注幼儿的情绪和身体状况，对体弱及身体不适的幼儿给予特别照顾。

（2）照顾和陪伴入睡困难的幼儿。

（3）关注并纠正幼儿的睡姿。

（4）留意容易尿床的幼儿，适时提醒其如厕，并注意保暖防寒。

（5）关注并个别提醒有不良习惯（如不良睡姿、恋物、自摸等）的幼儿。

（6）加强巡视，及时发现并有效处理幼儿午睡中出现的问题，如处理高热惊厥、呕吐、吞咽小物件等情况。

【案例分析】

恋物行为

九月，小班幼儿新入园，不少幼儿出现了与家长分离的焦虑。午睡时，彤彤抱着她的毛绒玩具小熊不放手，一定要紧紧抱在怀里才能入睡，谁也无法将小熊从她怀里拿开；乐乐是个阳光活泼的男孩，午睡时一定要拿着自己带来的毛巾才能入睡，如果老师轻轻拿开，乐乐就会放声大哭……

【问题解决】

恋物行为是幼儿心理发育过程中的一种正常行为，但心理学家也指出，如果任由幼儿的恋物行为发展，其有可能会演变为“恋物癖”。以下是针对较为严重的恋物行为的应对策略。

1. 予以重视

如果孩子的恋物行为处于极端状态，几乎 24 小时都离不开依恋物，出门要带着，睡觉也要带着，家长和教师就应对其予以重视。因为这种行为可能对孩子的身体和情绪心理造成重大影响。有严重恋物行为的孩子容易有以下表现：性格孤僻，不喜欢社交；为人冷漠，缺乏情感表达；没有集体意识，不愿参加群体活动；敏感脆弱，不喜与人沟通。教师应关注其背后原因，高度重视，做好引导，逐渐减轻幼儿的依恋情结，避免更为严重的心理问题发生。

2. 分析原因

孩子出现恋物行为，绝大多数是由于情感缺失导致的。有些父母性格冷漠或暴躁，让孩子感到惧怕，不敢与他们沟通；有些父母不擅长表达情感，让孩子感受不到爱；有些孩子缺少亲人的陪伴，小时候被送往爷爷奶奶家，长大后被送进幼儿园，父母放弃了与孩子培养感情的机会，导致孩子感受不到父母的关爱，只能将情感寄托在喜爱的物品上；还有些孩子缺少朋友，又不擅长社交，只能自己玩耍，胆怯的孩子则只能与玩具做朋友。总而言之，严重恋物行为产生的根本原因在于孩子得到的爱和陪伴太少。

3. 给予陪伴

孩子需要父母的陪伴，但陪伴并不仅仅是和孩子共处一室那么简单。父母更需要做的是进入孩子的世界，比如与孩子一起玩游戏，睡前给孩子讲故事，工作之余和孩子一起外出游玩。同时，父母也要适时表达对孩子的关爱，称赞孩子，定期与孩子进行沟通和交流，让孩子感受到被陪伴、被爱，身处在幸福快乐的家庭氛围中。科学研究证实，良好的家庭氛围对孩子优秀的人格和性格形成都极为有益。当孩子拥有足够的爱与陪伴时，他们就不会将情感寄托在无生命的物体上。

4. 促进交往

当一个人有许多朋友一起分享悲伤和快乐时，怎么会依赖一个不会说话的玩具呢？在孩子还小的时候，父母就可以带他们前往其他有宝宝的家庭，让孩子与其他宝宝接触。之后，父母可以让孩子尝试照顾更小的宝宝，以培养他们的耐心和处事能力。这对孩子长大后的社交能力培养十分重要。当孩子再大一些，父母应让他们接触同龄的孩子。在孩子上幼儿园时，父母也要鼓励他们结交朋友。同龄人之间更便于沟通彼此的小秘密，这有助于孩子走出自己的小天地，迈向更加广阔、明亮的世界。

三、午休起床

由于幼儿起床时间有先后，保教人员需在不同位置关注幼儿的起床情况，具体包括盥洗室、午睡室和活动室。保教人员要提醒睡下铺的幼儿整理自己的床铺，并及时督促幼儿尽快穿好衣服，对穿衣有困难的幼儿给予必要的指导和帮助。同时，保教人员应提醒幼儿在午休起床后及时如厕和饮水，帮助幼儿梳头，并引导幼儿选择自己喜欢的活动内容，自主开展起床后的活动。

模拟实训

午休环节蕴含许多值得我们关注的教育价值，例如培养幼儿的穿衣自理能力。请针对拉拉链、叠衣服、扣扣子、穿外套设计相应的活动。

____

____

____

第七节 幼儿离园环节的组织与实践

幼儿离园环节的主要内容包括离园回顾、计划展望、安全教育、衣物整理、家园沟通和区角游戏。当然，由于地理位置和作息时间的不同，各幼儿园的离园内容会有所差异。梳理这些内容及其价值，可以使离园活动更加丰富、有趣。

一、离园回顾

教师应营造愉快的离园氛围，通过让幼儿回顾幼儿园一天的生活，鼓励幼儿与同伴分享自己的情绪、感受和收获等，并建议幼儿回家后与家人分享。同时，教师可对幼儿一天的表现进行点评，让幼儿了解自己的优点和不足，建立自信，并愿意在今后加以改进。

【案例分析】

兴奋、嘈杂

每天的离园环节是孩子们最欢欣雀跃的时刻。一天有规律的生活的结束是回归家庭生活的开始，让他们急于释放和表达自己的各种情绪。此时，孩子们常常吵吵闹闹、推推搡搡，排队总是“龟速”且排不齐；听不清、记不住老师的要求；整理物品时丢三落四……可见，离园环节的问题还真不少。如何让离园环节的组织做到“快”“静”“齐”呢？“快”意指时间上的迅速，是不拖沓的表现；“静”指能安静地倾听老师的建议和要求，不打闹推搡，保证安全；“齐”指所有物品一次性拿全，整理到位。

【问题解决】

离园活动由多个碎片化时间组成，包含许多环节，教师要优化策略，才能有序组织离园活动。

1. 设置放松时间

离园时幼儿情绪亢奋是正常的表现，班级里显得喧闹也情有可原。此时，教师若强行压制这种表现，反而不利于幼儿的身心和谐发展，也不利于营造温馨的离园氛围。教师可以设置一个放松时间，为接下来的整队和整理做好“静”的准备。例如，播放欢快的音乐，让幼儿随音乐自由舞蹈，释放精力；组织有趣的游戏，满足幼儿与同伴互动的需求；演唱欢乐的歌曲，缓解幼儿亢奋的情绪；提供私密空间，让幼儿与好朋友自由分享心情。放松或宣泄时间的设置，实现了从“闹”到“静”的自然过渡。

2. 使用音乐指令

离园活动中，由于幼儿的兴奋和吵闹，他们听不进或听不清老师的要求，这是非常正常的情况。音乐是无声的语言，利用音乐作为幼儿园一日生活环节的转换提示或背景伴奏，能营造更加宽松、温馨的氛围，让幼儿的在园生活更加愉快，常规建立更加自然。例如，用《迷雾森林》提醒孩子整理抽屉里要带回家的物品；用《蓝色多瑙河圆舞曲》提醒孩子将自然角的小金鱼、小乌龟带回班级；用《雨的印记》提醒孩子为第二天的活动做好计划；用《中国人民解放军军歌》提醒孩子排队，他们在乐曲中模仿解放军抬头挺胸踏步走，既表现了音乐，又实现了有序排队。音乐的播放不仅陶冶了幼儿的情操，还营造了宽松、温馨的离园氛围，避免了刻板管理给幼儿带来的负面情绪，使幼儿能够怀着愉悦的心情离开幼儿园。

3. 巧用游戏化的方式

在离园环节中，诸如物品归位、仪表整理、物品拿取、整队排队等每日重复的事项，常常让幼儿感到索然无味，导致他们做事敷衍，无法达到既定要求。为提高活动的趣味性，教师可以采用游戏化的方式来组织离园活动。例如，在排队外出时，我们可以玩“找小猫”的游戏，幼儿在排队时模仿小猫走路，尽量不发出声音，队伍很快就能安静、整齐地排好。

二、计划展望

教师与幼儿共同展望和计划第二天或近期将开展的活动。对于需要前期经验铺垫的内容，教师应鼓励幼儿与家长进行一些观察和调查；对于需要物质材料辅助的活动，教师应鼓励幼儿和家长一同收集与分享相关材料，以便为后续活动的顺利开展做好准备。同时，教师应鼓励幼儿向家长传达教师布置的相关要求和通知，以培养幼儿的语言表达能力和责任意识，共同期待第二天的幼儿园生活。

三、安全教育

教师可利用放学前的几分钟开展安全教育，帮助幼儿了解基本的安全知识，学会自我保护。例如，不离开成人的视线，不跟随陌生人离开，不接受陌生人给的食物，不在河边或马路边玩耍，并遵守基本的安全和交通规则等。

四、衣物整理

衣物整理包括三个方面：一是幼儿帮助老师收拾玩具、桌椅，参与照顾自然角等，担任值日生的幼儿能有始有终地完成当天工作；二是幼儿自我整理仪容、仪表，保持干净、整洁，并能根据天气和气温状况穿戴适宜的衣物离园；三是幼儿自主有序地整理自己的物品，做到不丢三落四，并乐意携带自己的物品回家。

【案例分析】

容易落东西的小明

小明是幼儿园中班的小朋友，每天下午放学是他最兴奋的时刻，因为可以见到爸爸妈妈并回家玩耍。然而，每当离园时间临近，小明总是匆匆忙忙地收拾自己的物品，书包里的文具、衣物常常散落一地，有时甚至忘记带上水杯或外套。这天，小明又是第一个冲到教室门口等待老师开门，结果到家后才发现自己的绘画本落在了幼儿园的小椅子上。

【问题解决】

1. 建立固定的流程

教师要与小明一起制定离园前的固定流程，如先上厕所、洗手，然后检查并整理书包，最后穿上外套和鞋子。通过反复练习，帮助他养成良好的习惯。

2. 使用清单

教师要为小明准备一张简单的物品清单，贴在书包上或显眼的地方，提醒他需要检查哪些物品。

3. 角色扮演

教师利用游戏或角色扮演的方式，让小明在模拟场景中练习整理物品，以增强趣味性和参与感。

4. 表扬与鼓励

当小明成功记住并带走所有物品时，教师应及时给予表扬和奖励，以强化正面行为。

5. 家校合作

家长和教师应保持沟通，共同关注孩子的成长需求，制订并执行培养计划，形成教育合力。

五、家园沟通

教师应有针对性地与部分家长进行沟通。一是及时反馈幼儿在园的发展情况，促进家园共育；二是及时说明幼儿在园的突发状况，如轻微擦伤、情绪异常等，争取获得家长的理解；三是及时传达幼儿园的通知及需要家长配合的事项，如次日活动所需的材料等，以争取家长的支持。

六、区角游戏

教师对个别晚接的幼儿进行情绪安抚，引导他们自主选择区域活动，并在旁陪伴，与幼儿交流。

■ 延伸阅读

离园环节的教师工作规范

一、主班老师

（1）做好离园准备，保教人员及时沟通，互换信息，确保信息全面无遗漏。

（2）开展离园回顾，总结幼儿一日生活收获，评价幼儿一日生活表现。

（3）开展安全教育，确保幼儿离园行程安全有序，注意交通安全、饮食安全等。

（4）开展计划展望，筹划明日活动内容，如安排一些小事宜、发布小通知等，为次日活动做好准备。

（5）整理衣物，确保幼儿仪表整洁，所带物品无遗漏。遇特殊天气时，雨天为幼儿穿好雨衣、雨鞋；冬季为幼儿围好围巾、戴好帽子等。

（6）整队、排队，有序离园，与每位幼儿亲切道别。

（7）安全交接，就当天情况与家长面对面交流，或进行线上交流。

（8）照顾好晚接的幼儿。

（9）收拾、整理教室，准备次日的环境材料等。

（10）保教人员再次交流，为次日活动做好充分的准备。

（11）最后一个下班的人员打开紫外线灯，关闭其他光源，锁好门窗。

二、配班老师

（1）做好离园准备，保教人员及时沟通，互换信息，确保信息全面无遗漏。

（2）协助主班老师做好离园工作。

（3）关注幼儿离园时的身体健康和情绪。如幼儿出现沮丧等消极情绪，应及时了解原因并进行疏导。

（4）提醒幼儿检查需要带回家的物品是否遗漏。

（5）检查幼儿穿着是否干净整洁、大方得体。特殊天气时，雨天为幼儿穿好雨衣、雨鞋；冬季为幼儿围好围巾、戴好帽子等。

（6）安全护送幼儿离园，与每位幼儿亲切道别。

三、保教人员

（1）做好离园准备，保教人员及时沟通，互换信息，确保信息全面无遗漏。

（2）观察离园时幼儿的身体状况，如发现有出汗、流鼻涕、打喷嚏等现象，及时给予个别关注和照顾。

（3）做好幼儿的离园护理工作，保证幼儿仪容、仪表干净整洁。特殊天气时，雨天为幼儿穿好雨衣、雨鞋；冬天为幼儿围好围巾、戴好帽子等。

（4）提醒家长根据季节和天气状况，及时更换幼儿在园的备用衣裤，并定期让幼儿家长将被褥带回家清洗晾晒，保持床铺干净整洁。

（5）做好班级环境和物品的清洁、消毒工作，并及时做好记录，补充生活消耗品，如厕纸、纸巾、垃圾袋等。

（6）保教人员再次交流，为次日活动做好充分的准备。

（7）检查班级内外有无安全和卫生隐患，如未清理的垃圾。

（8）最后一个下班的人员打开紫外线灯，关闭其他光源，锁好门窗。

综合实训

项目名称：幼儿园生活环节的组织与实践

【实训目标】

（1）掌握幼儿园一日生活环节的内容以及教师的工作要求。

（2）能够有序地开展生活活动，并尝试解决生活活动各个环节的问题。

【实训准备】

(1) 知识准备：了解幼儿园一日生活的基本流程以及注意要点。

(2) 物质准备：幼儿园生活环节中的环境创设、生活环节的教学设计。

【实训步骤】

(1) 学习掌握幼儿园一日生活的相关理论知识。

(2) 小组合作共同设计幼儿园一日生活环节的实施教案。

(3) 小组成员模拟开展幼儿园一日生活活动，预设相关问题及解决策略，并加以改进和完善。

(4) 进入幼儿园观摩并且尝试配合老师组织一次一天的幼儿园生活活动。

【实训评价】

生活活动各个环节秩序良好，幼儿能够有序过渡，明确生活环节中教师的职责，并能抓住一日生活中的教育契机开展教学活动，对存在的问题进行解决。

第二章　幼儿游戏活动的组织与实践指导

学习目标

知识目标

- 理解游戏对幼儿园教育和幼儿发展的意义。
- 掌握常用的幼儿园游戏分类。
- 初步具备游戏矫正的意识，熟悉幼儿园生活活动的基本内容与要求。

技能目标

- 初步具备根据具体情况创设幼儿园室内与室外游戏支持条件的能力。
- 初步具备记录与反思各类幼儿园游戏的能力。
- 初步具备开展幼儿园角色游戏、表演游戏、结构游戏和规则游戏的能力。
- 初步具备开展幼儿园区域活动的基本知识与能力。
- 初步具备评价幼儿游戏的能力。
- 初步具备评价教师指导游戏的能力。

情感目标

- 形成正确的游戏观，具备游戏精神。

内容导航

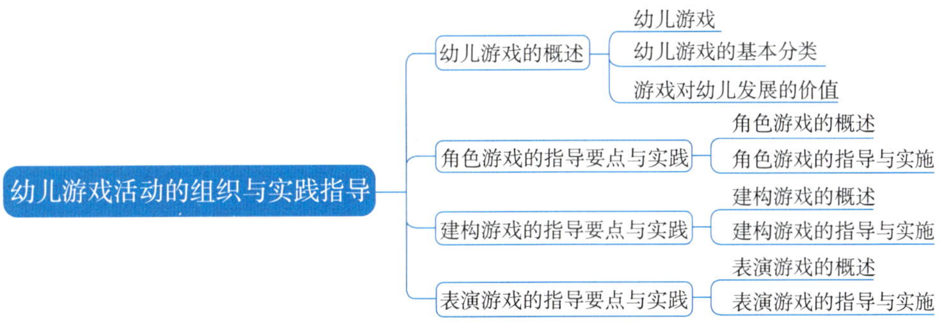

幼儿游戏活动的组织与实践指导
- 幼儿游戏的概述
  - 幼儿游戏
  - 幼儿游戏的基本分类
  - 游戏对幼儿发展的价值
- 角色游戏的指导要点与实践
  - 角色游戏的概述
  - 角色游戏的指导与实施
- 建构游戏的指导要点与实践
  - 建构游戏的概述
  - 建构游戏的指导与实施
- 表演游戏的指导要点与实践
  - 表演游戏的概述
  - 表演游戏的指导与实施

第一节　幼儿游戏的概述

案例导入

在某所幼儿园的一个大班教室里，教师正在进行教学活动，黑板上密密麻麻地写满了拼音、汉字和算术题。教室里，孩子们整齐地坐在小板凳上，但他们的状态与这“认真学习”的场景格格不入。幼儿们歪歪斜斜地坐在板凳上，有的幼儿甚至一只手支着小脑袋，眼神空洞，表情木然，仿佛对眼前的一切失去了兴趣。个别幼儿直接趴在桌面上，看起来疲惫不堪。有的幼儿在偷偷玩手指，有的幼儿在与旁边的同伴小声交谈，还有的幼儿则眼神游离，不知道在想些什么。

【案例分析】

《幼儿园工作规程》指出，幼儿园应当以游戏为基本活动形式。幼儿园可以根据本园的实际，安排和选择教育内容与方法，但不得进行违背幼儿教育规律，有损幼儿身心健康的活动。在学前教育实践中，客观上还存在幼儿园教育小学化、无视幼儿童年价值以及教师缺乏游戏精神的现象。

一、幼儿游戏

幼儿游戏是幼儿自发、自愿进行并伴有愉悦情绪的活动。我国学者一般将游戏的特点概括为以下几个方面：第一，游戏是幼儿自主、自愿进行的，这是游戏区别于其他活动的基本特点；第二，游戏一般伴随着愉悦的情绪体验；第三，游戏不具有社会使用价值，也没有强制义务；第四，游戏通常具有假想性。

二、幼儿游戏的基本分类

分类是认知过程中的基本思维活动。对事物或现象进行多维度的分类，是全面理解和掌握事物或现象的必要过程。依据幼儿的认知发展水平对幼儿游戏进行分类，可以了解随着不同认知阶段的发展，幼儿游戏的形式和内容会不断变化；依据幼儿的社会性发展水平对幼儿游戏进行分类，可以认识到随着幼儿年龄的增长，幼儿游戏的社会性特征会出现明显变化。掌握这些分类细节，我们可以更加深刻地理解幼儿在各个维度上的发展。

（一）以幼儿认知发展为依据的游戏分类

根据皮亚杰提出的幼儿认知发展理论，他将游戏分为三种类型。皮亚杰是瑞士著名的儿童心理学家和哲学家，他通过长期观察和研究儿童的心理发展，提出了认知发展阶段理论。在此基础上，这三种游戏类型分别是练习性游戏（也称机能游戏或感觉运动游戏）、象征性游戏和规则游戏。它们与儿童认知发展的不同阶段紧密相关，反映了儿童在不同年龄阶段的心理特点和游戏行为。

1. 练习性游戏（0～2 岁）

练习性游戏也称机能游戏或感觉运动游戏，是游戏发展的最初形式，主要由简单的重复性动作或运动构成。例如，幼儿不停地吮吸手指、反复捏弄玩具等。

2. 象征性游戏（2～7 岁）

随着幼儿认知能力的发展，他们开始能够运用象征性符号进行思维活动。象征性游戏成为这一阶段的主要游戏形式，幼儿在游戏中通过模仿和想象来再现周围的生活情景，如角色扮演、以物代物等。这种游戏主要出现在前运算阶段（2～7 岁），也是幼儿期的典型游戏。例如，在过家家游戏中，幼儿扮演妈妈、爸爸等角色，树叶代表钱，沙子代表盐等。

3. 规则游戏（7～11/12 岁）

当儿童进入具体运算阶段（7～11/12 岁），他们的思维开始趋于抽象化，能够理解和遵守一定的规则。此时，规则游戏成为他们主要的活动形式。规则游戏以集体共同目标为中心，具有明确的达成目标的方法和严格的组织分工，能够培养儿童的规则意识、合作精神和竞争意识。例如，丢沙包、下棋、老鹰捉小鸡等游戏。最简单的规则游戏是凭借运气取胜的游戏，如石头剪刀布、飞行棋、猜单双等；幼儿园组织的各种户外体育游戏则属于稍复杂的规则游戏。

（二）以幼儿社会性发展为依据的游戏分类

幼儿的认知在发展的同时，其社会性也在发展。依据社会性发展水平进行的游戏分类中，帕顿的分类法最为普遍，游戏主要分为以下几类：

1. 偶然的行为（无所事事）

这种行为并非真正的游戏，表现为随意游荡，缺乏明确的目标，如关注偶然引起兴趣的事物，摆弄身体，或在椅子上爬上爬下。

2. 游戏的旁观者

幼儿观看同伴的游戏，偶尔与他们交谈或提出问题，但并不实际参与游戏。

3. 单独游戏

幼儿独自进行游戏时，使用与旁边伙伴不同的游戏材料，专注于自己的游戏内容，而不关注伙伴的行为。这种游戏具有独立性，幼儿之间缺乏互动。尽管单独游戏是幼儿独自进行的活动，但仍具备游戏的一般特征。

4. 平行游戏

平行游戏是指幼儿玩着与附近伙伴相同或相似的玩具，但各自的游戏内容没有关联，幼儿也不与其他幼儿共同活动，仍然是单独进行游戏。游戏材料相似，但游戏内容彼此独立，有时会出现相互模仿的现象，但并无意图支配或影响他人。这种游戏形式主要出现在儿童学步后期和三岁左右，以小班幼儿为主。

5. 联合游戏

联合游戏，亦称协同游戏，是指幼儿与其他幼儿共同参与游戏，谈论共同的活动，但相互之间没有明确的分工与合作，也没有围绕共同的目标组织活动，每个幼儿都根据自己的兴趣和愿望来参与游戏。在游戏中，幼儿开始有了交流，但仍缺乏共同的目标和分工，依然以自己的兴趣为中心。例如，在充气堡上玩耍的幼儿，他们一起爬上斜坡，一起大叫着从斜面上滑下来。尽管他们之间有频繁的交流，但在游戏内容与过程中，他们没有明确的、统一的目标，也没有游戏分工，只是在一起嬉闹，享受游戏带来的快乐。这种类型的游戏主要出现在3～4岁儿童中，中班幼儿以联合游戏为主。

6. 合作游戏

合作游戏是指幼儿在游戏中围绕一个共同的主题，具有共同的目标，并采取分工合作的有组织的方式进行游戏。例如，几个幼儿一起搭建公园，商量由谁搭建恐龙馆、由谁搭建水族馆等。共同的游戏目标与分工是合作游戏的关键特征。这种游戏形式主要出现在4岁或更大的儿童中，大班幼儿以合作游戏为主。

（三）以游戏与教学的关系为依据的游戏分类

根据学前教育实践中游戏的组织与教育教学任务的结合程度，可以将游戏分为以下几类：

1. 纯游戏

纯游戏指的是幼儿自主发起并进行的、不受外界干扰的游戏，在整个过程中，教师不进行任何指导或干预。这类游戏的特点是完全由幼儿掌控，他们依据自己的兴趣和想象开展游戏，不存在外部设定的目标或规则。例如，几个孩子在角色区玩过家家游戏，男孩扮演爸爸，女孩扮演妈妈，他们依据生活经验合作照顾小宝宝。

2. 低结构化教学

低结构化教学以幼儿游戏为主，但在游戏过程中，教师会适时介入并指导幼儿，提供必要的帮助。这类游戏虽由幼儿主导，但教师会在恰当的时机介入，引导他们进行探索、发现和学习。教师的介入是隐性的，旨在促进幼儿的游戏进程和提升他们的学习体验。例如，当幼儿自主进行科学实验屡次失败后，经教师引导，重新调整实验材料及步骤，再次操作后最终取得实验成功。

3. 高结构化教学

高结构化教学主要是指在教学过程中，游戏为教学服务，教师通过游戏帮助幼儿理解和运用从教学中获得的经验，使教学潜移默化地发挥教育功能。这类游戏由教师精心设计，具有明确的教学目标和规则。在游戏过程中，教师引导幼儿按照既定步骤和规则进行游戏，以实现教学目标。例如，在音乐集体活动中，教师设计音乐游戏，幼儿在游戏中不断模仿、理解、运用和创作，逐步学习新内容，并赋予新内容个性化的特色。

4. 纯教学

纯教学指的是仅有教学而无游戏，师幼互动模式主要是教师讲、幼儿听，一问一答。这类活动完全由教师主导，幼儿处于被动接受的状态。教师通过讲解、提问等方式向幼儿传授知识或技能，幼儿则通过聆听、回答等方式接收信息。例如，在典型的故事讲述活动中，教师讲述故事，幼儿聆听并回答相关问题。

（四）以游戏的教育作用为依据的游戏分类

游戏是幼儿最喜爱的活动。鉴于游戏对幼儿发展的巨大价值，幼儿园教育引入了游戏。为了更好地将游戏与教育结合，方便教师在教学中有效运用游戏这一形式，我国幼儿园依据游戏在教育中的作用对游戏进行了分类，具体分为以下两大类：

1. 创造性游戏

创造性游戏是幼儿主动地、创造性地反映现实生活的游戏，是幼儿典型且特有的游戏形式。这类游戏主要包括角色游戏、结构游戏和表演游戏，它们均由儿童自由玩耍。其中，表演游戏与角色游戏的主要区别在于主题和内容的来源不同：角色游戏的主题和内容主要源于幼儿的现实生活经验，而表演游戏的主题和内容则主要来自故事、童话等文艺作品。这种差异导致了两种游戏在表现形式、特点及教育作用上的不同。此外，角色游戏与真实生活、表演游戏与正式表演之间也存在区别。这类游戏反映了幼儿的心理发展水平，是教师观察和了解幼儿的最佳途径。

2. 规则性游戏

规则性游戏是指成人根据教学要求，为发展幼儿的各种能力而设计的游戏。这类游戏通常包括游戏的目的、玩法、规则和结果四个部分，且游戏中的幼儿行为必须受到规则的约束，遵循规则所规定的步骤和玩法进行活动。规则性游戏通常为教学服务，主要包括体育游戏、音乐游戏和智力游戏。

三、游戏对幼儿发展的价值

（一）增强幼儿的体能

游戏可以促进幼儿身体的生长发育，有助于幼儿体格的健全发展。游戏中的各种动作和活动能够锻炼幼儿的肌肉、骨骼和内脏器官，加速机体的新陈代谢。在户外进行的游戏能够让幼儿接触充足的阳光和新鲜的空气，增强他们对环境变化的适应能力。

（二）发展幼儿的认知能力

认知能力是幼儿心理品质的重要组成部分，包括感知觉、记忆、思维、想象、语言等方面。研究表明，游戏能提高幼儿的智商，增强幼儿解决问题的能力。游戏为幼儿提供了接触各种物体和材料的机会，使他们在操作中了解物体的性质、特征和用途，从而丰富并巩固他们的知识。游戏中的虚构情境和角色扮演能够激发幼儿的想象力，使他们创造出丰富多彩的世界和故事。游戏中的自由探索和创作活动能够鼓励幼儿发挥创造力，尝试新的想法和解决方案。游戏中的交流和互动要求幼儿使用语言表达自己的想法与感受，从而锻炼他们的语言表达能力。同时，游戏中的儿歌、童谣等也能够丰富幼儿的词汇和语法知识。

（三）发展幼儿的社会性

游戏是幼儿学习和掌握社会角色的重要途径。通过角色扮演，幼儿能够体验不同的社会角色，理解并遵循社会行为规范。游戏反映现实生活，其中蕴含着人与人交往的基本规则。幼儿在游戏中通过模仿学习社会行为规范，并将其应用于实际生活，为形成良好的道德品质奠定基础。在游戏中，既有与现实伙伴的交往，也有角色间的互动，这有助于他们发展人际交往能力，学会与他人合作、分享和协商。

（四）发展幼儿的情感

游戏对于满足和稳定幼儿的情感具有重要价值。在游戏中，幼儿可以体验成功、失败、喜悦、沮丧等各种情感，从而学会调节和控制自己的情绪。游戏中的积极体验有助于幼儿形成积极的情感态度和价值观，如自信、乐观、勇敢等。当幼儿在游戏中遇到挫折或困难时，教师可以通过引导他们面对和解决问题，从而疏导其消极情绪。

模拟实训

请观察幼儿的游戏活动，从不同的角度判断其游戏类型。在幼儿园中记录以下案例：幼儿的单独游戏、平行游戏、联合游戏及合作游戏。

____

____

____

第二节　角色游戏的指导要点与实践

一、角色游戏的概述

（一）角色游戏的概念

角色游戏是幼儿根据自己的意愿，通过模仿和想象，借助真实材料或替代材料，运用语言、动作、表情来扮演角色，创造性地反映周围生活的一种游戏。它是幼儿游戏中最常见的类型之一，游戏内容体现了社会生活的“社会性”。例如，在角色游戏“小医院”中，幼儿借助玩具温度计、针筒，通过给病人量体温、打针等动作，以及耐心询问病人的语言，扮演医生的角色，创造性地再现医院的社会情境。

（二）角色游戏的特点

1. 自主性

角色游戏是幼儿自主参与的自愿性游戏。在游戏中，幼儿有权决定游戏的主题、角色分配、内容及情节等。自主性有助于培养幼儿的独立性和自信心。

2. 社会性

现实生活是角色扮演游戏的源泉。角色扮演游戏中的主题、情节、角色等都源自幼儿周围的社会环境，是他们在日常生活中常见且能够体验到的情境。例如，“理发店”这一角色扮演游戏的主题便是幼儿对生活中理发店的创造性再现。在角色扮演游戏中，幼儿通过模仿角色的语言和行为方式，体验角色及其社会关系，从而了解社会生活，学习社会生活的基本规范。

3. 象征性

创造性想象活动是角色游戏得以开展的前提。幼儿通过对游戏材料进行假想，以物代物；假想自己是某个角色，以人代人；假想自己处于某个情境中，从而展开游戏情节。因此，在角色游戏中，幼儿在想象的情境下，创造性地反映现实生活中人与人、人与物之间的关系，游戏过程充满了象征性。例如，在“早餐店”的角色游戏中，幼儿将纸条、雪花片等当作面条和大饼，想象自己是早餐店老板，将做好的面条和大饼端给客人。

二、角色游戏的指导与实施

（一）角色游戏开展前的指导要点与实践

1. 角色游戏目标的制定

游戏目标是对幼儿在即将开展的游戏活动中获得发展的“预期”，主要包含认知能力的发展、动作技能的掌握、兴趣态度的形成以及行为习惯的养成等方面。在设定幼儿游戏目标时，主要遵循以下原则：

目标的全面性。游戏目标应包含情感目标、认知目标和能力目标。情感目标体现幼儿对游戏的兴趣，以及积极参与游戏的愿望，体验游戏带来的快乐；认知目标体现幼儿在游戏中获取的相关知识和经验；能力目标体现幼儿在游戏中应掌握的基本能力和行为规范等。

目标的具体性。目标应当是具体的、可操作的。游戏目标切忌过于笼统、模糊不具体。可量化的目标对于判断幼儿的行为表现是否符合游戏目标的要求至关重要。

表述角度保持一致。清晰明了地从幼儿的角度说明游戏目标。同时，需充分考虑幼儿的年龄特征和发展水平，体现“最近发展区”的教育原则。此外，结合各类游戏的教育功能特点，合理设定游戏目标。

对点案例

中班角色游戏“呢呢小吃店”

（1）了解不同的风味小吃，并能使用多种材料进行制作。

（2）愿意与同伴协商，并运用不同的动作、语言、表情去表现角色，体验共同游戏的乐趣。

（3）愿意与同伴合作开展蛋糕店的游戏，体验角色扮演的乐趣。

（4）了解蛋糕店工作人员的职责，初步尝试扮演蛋糕店里的各种角色。

（5）能用正确的角色语言和动作表现角色的主要特征。

模拟实训

请结合制定目标的原则，制定“中班角色游戏：金牌导购员”的游戏目标。

2. 角色游戏经验的丰富

角色游戏是幼儿创造性地反映现实生活的形式。幼儿的生活经验越丰富，游戏内容就越充实，游戏水平也随之提高。为了丰富幼儿角色游戏的主题，激发他们的游戏兴趣，教师应在游戏前帮助幼儿积累关键经验，这可以通过组织参观、教学等方式实现。例如，在开展“小吃店”角色游戏前，教师可以组织幼儿参观实际的小吃店，观察店员的工作流程以及顾客与店员的互动，以增强他们对小吃店运作的直观理解。

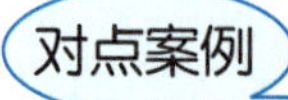

玩不起来的“农家乐”

“农家乐”开始营业，服务员小丽小朋友一边跑向厨房，一边朝厨房喊：“来一盘清炒土豆丝！”厨房的工作人员在忙活着。服务员小浩和心心在“悦来香”的包间里一边聊天，一边无所事事地玩着。收银员小坤一会儿看看服务员，一会儿看看客人，时不时地摆弄着收银台上的玩具电话。思考：案例中存在什么问题？如果你作为教师会如何丰富幼儿的经验？

【案例分析】“农家乐”开业一段时间后，孩子们逐渐褪去了一开始的游戏热情。中班幼儿年龄小，生活经验少，角色意识不强，游戏的坚持性较差，不能坚守自己的工作岗位，导致游戏过程会受到一些阻碍，游戏不能顺利进行。教师以“顾客”的身份参与孩子的游戏，提醒“服务员”给客人倒水，拿菜单，就餐结束后到收银台结账，丰富游戏情节，让幼儿“有事可做”。教师应增强幼儿的角色意识，明确不同角色的职责和任务。

模拟实训

幼儿园教师需要开展大班角色游戏“零食超市”，请你写下需要丰富幼儿哪些经验以及运用什么方式？

____

____

____

3. 角色游戏环境和材料的准备

角色游戏环境和材料的准备是幼儿园教育中至关重要的一环，见表 2－1 所列。它不仅影响着孩子们的游戏体验，还直接关系到他们的认知发展、社交技能及情感表达。幼儿园应根据具体条件，设置专门的角色游戏区，如“娃娃家”“小医院”“超市”等。这些区域应相对独立，避免相互干扰，同时又能方便孩子们自由进出。有条件的幼儿园，可以利用户外场地设置一些大型的角色游戏场景，如“农场”“建筑工地”等，让孩子们在更广阔的空间中进行游戏。材料应根据主题进行针对性准备，并结合幼儿的年龄特点。可以为低年龄段的幼儿提供一些高结构的材料，为年龄较大的幼儿提供低结构的材料。此外，还需准备一些反映角色特征的服饰、围裙或小标志，以使角色更加形象逼真，并帮助幼儿牢记自己扮演的角色身份和职责。

表 2－1　角色游戏的年龄特点与材料投放要点和指导要点

	年龄特点	材料投放要点	指导要点
小班	(1) 处于独自游戏和平行游戏的高峰期。 (2) 游戏的主题单一或者没有主题，情节简单。 (3) 角色意识较弱，喜欢模仿成人的动作，重复操作和摆弄玩具。 (4) 游戏时较依赖玩具，与同伴之间的交流较少。 (5) 规则意识不强，良好的游戏习惯需要培养。 (6) 游戏评价能力较弱	(1) 提供品种少但数量多的同类材料。 (2) 以主题鲜明、材质安全的成品玩具为主。 (3) 提供与幼儿日常生活密切相关的逼真玩具	(1) 可根据幼儿的游戏经验预设与幼儿日常生活密切相关的主题。 (2) 在分配角色时，教师可以根据幼儿的意愿提供帮助；运用平行介入法指导幼儿游戏，为角色游戏经验少的小班幼儿提供模仿的对象，也可以交叉介入，通过让幼儿扮演游戏中的角色对其进行指导。 (3) 鼓励幼儿在游戏中与他人交流、合作，重视规则意识、良好的游戏习惯等的培养。 (4) 在确保至少 30 分钟游戏时间后，让幼儿愉快地结束游戏，以培养他们的游戏兴趣。教师应引导幼儿学习整理游戏材料，帮助他们养成良好的游戏习惯。 (5) 多采用简单提问的方式引导幼儿，让幼儿表达自己在游戏中的体验，也可简要评价其他幼儿，以丰富游戏经验
中班	(1) 处于联合游戏阶段。 (2) 游戏主题丰富，但不够稳定，游戏情节较为复杂。 (3) 角色意识增强，能够按照自己选定的角色开展游戏。 (4) 与同伴交往的能力有进一步发展，但交往技能不足，常与同伴发生纠纷。 (5) 具有初步的规则意识。 (6) 在教师的引导下，能够简单、独立地评价游戏	(1) 增加玩具和材料的种类。 (2) 减少成品玩具的数量，适量提供替代材料。 (3) 增加由半成品及废旧物品制作的玩具的数量	(1) 引导幼儿拓展游戏主题，设计游戏情节。在观察幼儿开展游戏的基础上，可以通过设置一些促进游戏发展的辅助角色，进一步丰富游戏主题和情节。 (2) 教会幼儿通过协商、轮流、等待或者竞争的方式分配角色。 (3) 游戏时，注意观察幼儿游戏纠纷产生的原因，引导幼儿在游戏中学会简单解决纠纷的技能，提高社会交往能力。 (4) 引导幼儿整理玩具，教师只在必要时给予帮助。 (5) 引导幼儿在讲评游戏环节分享游戏经验，提高游戏水平

（续表）

	年龄特点	材料投放要点	指导要点
大班	（1）处于联合游戏、合作游戏阶段。 （2）游戏主题新颖多样，游戏情节更加丰富。 （3）游戏的计划性和独立性增强，角色扮演更加逼真，能够反映角色的主要内容、社会职责以及角色之间较为复杂的关系。 （4）社会交往能力提高，在游戏中遇到纠纷可通过协商自行解决。 （5）规则意识较强，游戏中的纠纷集中在角色行为的“合理性”上。 （6）可独立评价游戏，发表自己的观点	（1）提供丰富多样的游戏材料，减少同类玩具的数量。 （2）以非成品玩具为主。 （3）鼓励幼儿多使用替代材料	（1）游戏前，可引导幼儿一同准备游戏环境；游戏中，教师应多使用建议、询问等语言对幼儿进行指导，避免过多介入。 （2）鼓励幼儿通过深层次的交流，独立决定游戏主题和情节，提高幼儿独立开展游戏的能力，培养幼儿的自主性。 （3）关注幼儿在游戏中的合作程度，鼓励幼儿进行更多、更深入的合作。 （4）在幼儿具备较好的角色行为的基础上，鼓励幼儿在游戏中进行创造，培养其创造能力。 （5）鼓励幼儿独立整理玩具。 （6）游戏结束后，通过多种形式开展游戏讲评，让幼儿在分享中取长补短，拓展思路，培养他们分析问题和评价游戏的能力

对点案例

小班娃娃家的材料投放

随着区域游戏时间的正式开始，小明小朋友迅速而兴奋地奔向了他钟爱的娃娃家区域。他环顾四周，眼神中充满了对即将开始的游戏的期待。没有过多的犹豫，小明很快决定了自己要扮演的角色——“爸爸”，并穿上了小围裙，拿起了铲子，径直走向厨房区域。

在厨房里，小明仔细观察了周围的环境和材料，最终选择了一些蔬菜模型来开始他的“烹饪”之旅。他特别挑选了一个红色的西红柿模型，显然是想为他的“家人”准备一道美味的西红柿炒蛋。然而，在游戏过程中，小明遇到了一些挑战。他试图将西红柿放进锅里翻炒，但由于锅的模型较小，而西红柿模型相对较大，西红柿经常“逃”出锅外，无法顺利地进行翻炒。面对这一难题，小明尝试了几次，但似乎都没有找到有效的解决办法。最终，他显得有些沮丧，放下了铲子，停止了炒菜的游戏，转而开始探索其他游戏材料或与其他小朋友互动。

请你思考这个区域中材料和环境创设存在哪些问题？

模拟实训

请为大班角色游戏“零食超市”设计游戏环境和材料，标注材料名称与数量。

（二）角色游戏开展中的指导要点与实践

1. 游戏介入的时机与方法

（1）游戏介入的时机

游戏介入的时机是教师在幼儿进行角色游戏的过程中，根据幼儿的具体情况和游戏需求，选择适当的时间点进行干预和指导。以下是一些常见的角色游戏介入时机：

① 幼儿主动寻求帮助时

当幼儿在游戏中遇到自己无法解决的问题并主动向教师寻求帮助时，教师应及时做出回应。幼儿因对老师信赖而求助，此时教师的介入不仅能帮助幼儿解决问题，还能增强他们的信任感和安全感。

② 幼儿游戏难以继续时

幼儿在游戏中可能会遇到各种问题，如知识和经验不足、方法不当或兴趣减退等，导致游戏难以继续。此时，教师可以通过观察幼儿的游戏状态，判断其是否需要帮助，并在适当时机介入，引导幼儿克服困难，推进游戏。

③ 幼儿游戏出现矛盾时

幼儿在游戏中出现矛盾是较为常见的现象。当幼儿无法通过自己的方式解决冲突时，教师可以适时介入并提出建议，帮助他们化解矛盾，恢复游戏的和谐氛围。但需要注意的是，教师在介入时应保持中立态度，引导幼儿自主解决问题，以培养他们的社交能力和解决问题的能力。

④ 幼儿游戏出现困难时

当幼儿在游戏过程中遇到技能上的困难或挑战时，教师可以通过适时介入来提供必要的支持和指导。例如，在角色扮演游戏中，幼儿可能不知如何恰当地表达角色的情感，教师可以通过示范或引导，帮助幼儿更好地理解和扮演角色。

⑤ 游戏技能需要提升时

随着幼儿游戏经验的积累和技能的提升，他们可能需要更高层次的游戏内容和挑战。此时，教师可以通过介入来丰富游戏内容、提高游戏难度或引入新的游戏元素，以满足幼儿的发展需求。

⑥ 游戏秩序受到威胁时

在某些情况下，幼儿的游戏行为可能会威胁到游戏秩序或其他幼儿的权益。例如，幼儿可能会争抢玩具、破坏游戏环境或干扰其他幼儿的游戏。此时，教师需要及时介入，制止不良行为，维护游戏秩序和公平性。

（2）游戏介入的方法

① 以游戏者身份介入

平行介入法：教师在幼儿附近，使用相同的材料或不同的材料进行游戏，目的在于引导幼儿模仿。教师起到暗示和指导的作用，而这种指导是隐性的。

交叉介入法：教师通过扮演游戏中的某个角色进入游戏，并借助符合该角色身份的语言或行为对幼儿的游戏进行指导。

垂直介入法：当幼儿在游戏中出现严重违反规则或表现出攻击性等危险行为时，教师应以教师的身份直接介入游戏，对幼儿的行为进行干预。此时，教师的指导是显性的，容易破坏幼儿的游戏气氛，因此一般情况下不宜多用这种方法。

② 借助游戏材料介入

教师为幼儿提供材料，引发幼儿游戏兴趣，促进游戏的延续与提升。该方法适用于幼儿在游戏中对某个主题或情节产生浓厚的兴趣，但缺乏相应材料或道具的情况。

③ 借助语言介入

教师通过运用“建议式”“询问式”“鼓励式”“澄清式”“邀请式”“角色式”“指令式”等不同形式的语言来指导幼儿游戏。该方法适用于幼儿在游戏中遇到困惑、需要引导或鼓励时。

模拟实训

预设情景一：区域游戏时间到了，小明和小红先后来到了娃娃家，玩起了过家家的游戏。小明和小红都选择扮演妈妈的角色，他们各自抱着宝宝，开始照顾起来。小明准备给宝宝泡奶，她把奶瓶洗好后放在桌上，然后准备去拿奶粉。途中，她被娃娃家的其他玩具吸引，耽搁了一会儿。当她回来准备泡奶时，发现奶瓶已经被小红拿去泡奶了。小明径直走过去，试图从小红手中拿回奶瓶，并说：“这是我的奶瓶。”小红则紧紧握住奶瓶，坚持说：“这是我先拿到的。”两个小朋友谁也不肯放手。小红见争执不下，开始大哭起来，并重复道：“这是我先拿到的。”

针对情景一，你会介入游戏吗？如何介入？

2. 尊重幼儿的游戏意愿，鼓励他们确定主题、分配角色

角色游戏是幼儿自主、自愿参与的游戏活动。游戏主题必须是幼儿感兴趣的内容，确定游戏主题时必须尊重幼儿的意愿，否则可能导致幼儿失去兴趣，也不符合角色游戏的特征。因此，无论是在确定主题还是在分配角色时，都需要充分尊重幼儿的意愿。

有的幼儿，特别是低龄班幼儿，经常重复模仿某些成人的动作，但缺乏更为丰富的情节。这些幼儿喜欢角色游戏，但不会确定游戏主题，或选择的游戏主题不够明确。教师需要给予引导，帮助幼儿确定游戏主题，丰富游戏内容。例如，一名三岁半的幼儿坐在小椅子上，双手不停地旋转，重复着司机开汽车的动作，嘴里不时发出“嘟嘟嘟”的声音。显然，他在模仿司机开车。但是，他没有意识到，仅有简单的动作重复，无法真正展开游戏。此时，教师可以对孩子加以引导：“小朋友，你是在开汽车吗？那你是在玩开汽车的游戏吧？那么，你就是小司机啊。哦，小明司机，我们要去哪里呀？”“小明司机，你开车

稳不稳啊？我会不会晕车呢？”通过这样的引导，幼儿会迅速确定游戏方向，明确游戏主题，继而围绕主题展开游戏。

3. 鼓励幼儿学会分配角色

角色是幼儿最感兴趣的元素之一，角色分配也经常成为开展游戏时的关键问题。游戏角色分配主要有两个方面需要关注。一是幼儿在确定主题后不清楚游戏中应有哪些角色。例如，几个男孩子想玩“神七奔月”，只知道有人驾驶神七，其他角色则不明确。此时，教师可以引导：“你们提到的‘神七奔月’真是一个激动人心的想法！那么，除了宇航员，还需要哪些角色呢？宇航员飞上太空后如何与地面取得联系？宇航员返回地球时需不需要有人协助呢？”二是分配角色时发生矛盾。有些角色是所有参与游戏的幼儿都想扮演的，但他们知道不能同时扮演，因此可能会发生争执。教师可以借此机会帮助幼儿学会分配角色，适时引导幼儿学会谦让等良好行为。例如，在“警察和小偷”游戏中一定要有小偷，但幼儿们都不想扮演小偷。教师可以这样说：“大家都想当警察，因为警察很厉害，对不对？但没有小偷的话，警察去抓谁呢？这怎么办呢？”在教师的引导下，三名幼儿互相商定：大家轮流扮演小偷。这样，教师不仅适时鼓励幼儿自己化解了角色分配的冲突，还进行了良好行为品质的教育。

4. 适时参与游戏，促进幼儿游戏能力的发展

角色游戏虽然是幼儿的自主活动，但在游戏过程中，教师需要随时观察各角色区的游戏进展情况，适时且有针对性地介入并指导幼儿的游戏，以保证游戏情节更加丰富，提升幼儿的游戏水平。例如，在“美食城”中，小厨师们都在忙着切菜做饭，而服务员看到没有顾客来就餐，便跑去帮厨师的忙。这时，有几组小顾客进来后，发现无人接待，随即离开了“美食城”。教师注意到这一情况，立刻走过去，大声说道：“老板，你们这儿有什么好吃的啊？服务员呢？我想看看菜单，请帮我把菜单拿过来。”服务员听到后，急忙跑过来递上菜单，说：“请点菜吧。”教师接着说：“顾客来吃饭，你们要好好招待。不然，我们可要去别处吃饭了哦。”此时，服务员明白了自己的责任是接待就餐的客人，而不是去后厨帮忙。随后，其他小朋友看到有服务员招呼顾客，也陆续来到“美食城”就餐。

由于角色游戏是幼儿的自主游戏，教师的指导一般是参与性间接指导，而非直接告诉幼儿如何进行游戏。在“美食城”游戏中，教师以游戏角色身份出现，适时介入，既不影响幼儿游戏的自主性，又帮助幼儿明确角色职责，更好地开展游戏。

模拟实训

预设情景二：

冬冬和甜甜在游戏中扮演导航员。两个小朋友正在商议飞船的目的地以及飞行路线，但商量了半天，意见始终无法统一，导致飞船的飞行计划迟迟未能确定。一旁的宇航员们已经等得不耐烦，说道：“我们现在就出发吧。”于是，冬冬生气地制止道：“这样不行，没有导航路线，飞船飞出去可能回不来。”听完冬冬的话，大家都停了下来，看着冬冬，不知如何是好。

针对情景二，你会介入游戏吗？如何介入？

（三）角色游戏开展后的指导要点与实践

1. 游戏的自然结束

角色游戏是幼儿非常感兴趣的活动。幼儿带着良好的情绪开始游戏，也应在愉快的气氛中结束游戏。从游戏的开始、进行到结束，整个过程都需要保持幼儿的兴趣，这样才能吸引他们下次继续参与游戏。通常，结束游戏应基于教师的观察，在合适的时机自然终止。前面提到角色游戏的时间一般为 30 分钟，此时各主题情节基本已经展开完毕。如果继续进行，可能游戏内容不再丰富，反而会导致幼儿失去兴趣。因此，教师需要把握时机，适时结束游戏。结束方式应尽量自然，可以根据游戏主题给出提示，告知幼儿游戏即将结束。例如，教师通过超市服务台的广播说："各位顾客您好，超市还有五分钟就要下班了，请抓紧时间选好物品，到收银台结账。祝您购物愉快!"或者，教师以理发店经理的身份对理发师说："大家辛苦了，抓紧时间接待完最后一位顾客，然后整理店内卫生，准备下班。"

2. 游戏后的整理工作

游戏结束后，整理场地和收拾玩具与材料，既是为下次游戏做准备，也是培养幼儿良好生活习惯的重要时机。教师切不可包办代替，而应提示幼儿在游戏结束后收拾场地、将材料归位，以养成良好的习惯。针对不同年龄段幼儿的特点，教师可以采取不同的指导方法。例如，对于小班幼儿，主要是培养他们游戏后参与整理场地的意识，教师可以邀请幼儿一起收拾玩具、整理场地。对于中班幼儿，重点在于培养他们收拾玩具的能力，整理场地和收拾玩具应以幼儿为主，教师只在必要时给予帮助。而对于大班幼儿，则应要求他们独立完成场地及玩具、材料的整理工作，教师只需适当督促即可。

3. 游戏后的总结评价

教师组织幼儿对游戏进行总结评价是必不可少的。总结评价能够引导幼儿明确游戏的方向，提升游戏水平。总结评价可以由教师和幼儿共同完成。幼儿是游戏的亲历者，对于角色游戏的内容和情节的发展最有发言权。幼儿参与总结评价环节，既是对游戏的回顾，也可以积累游戏经验，互相学习与交流，从而提升游戏水平。总结评价包括游戏主题、角色扮演、区域互动、材料和玩具的使用、情节发展等多方面内容。教师在引导幼儿进行总结评价的过程中，可以帮助幼儿了解自己和他人游戏的情况，获得游戏经验，以便今后进一步提高游戏水平。

对于角色游戏的评价，形式应灵活。评价不一定每次都要在集体中进行，也可以在游戏小组中进行；不一定每次都必须在游戏结束后进行，也可以在游戏过程中进行。例如，去小剧场观看表演时，教师可以在节目结束后引导幼儿观众总结并评价游戏的开展情况。游戏评价的形式主要有以下几种：

（1）讨论

当幼儿在游戏中发生纠纷时，教师可以引导幼儿讨论是非问题。例如，在角色分配出现争执或情节发展不一致时，教师可以让幼儿讨论如何开展游戏才能使其更有趣，并让大多数人感到满意。如果幼儿由于缺乏生活经验而无法得出结论，教师可以寻找机会通过实地参观等方式来丰富他们的经验。需要注意的是，教师不应试图控制讨论，而是要引导幼儿去发现游戏中的亮点。事实上，幼儿眼中的亮点与教师认为的亮点可能完全不同。

（2）现场评议

有些角色游戏开展得较好。为了提升全体幼儿的游戏水平，可以保留游戏现场，组织现场评议。例如，超市区的幼儿将货物布置得齐全，摆放有序。还有幼儿自行找来许多代金券、商品等。教师可在各区域游戏结束后，带领大家一起参观超市，邀请开展超市游戏的幼儿介绍自己的游戏情况，也可以让其他幼儿提出意见。现场评议能够帮助幼儿回到游戏中，使其进一步体会并分享游戏的乐趣。

（3）汇报发言

游戏结束后，教师可组织各游戏区的幼儿分享自己是如何进行游戏的，并交流游戏带来的快乐。通常，大班幼儿在汇报发言时比较积极踊跃。针对这种情况，教师可以创设相应的环境来满足幼儿的需求。例如，可以在活动室后方放置小话筒，话筒的数量与活动区的人数一致。这样，幼儿便可以在游戏后与其他幼儿分享自己的感受，并且每个人都有发言的机会。

模拟实训

（1）你会如何组织小班幼儿整理“娃娃家”玩具材料？

（2）在组织小班幼儿讨论与评价“娃娃家”游戏时，你会采用什么方法或者问哪些问题鼓励幼儿一起参与？

综合实训

项目名称：角色游戏的组织与指导

【实训目标】

（1）掌握角色游戏活动区的创设要求，能够初步进行角色游戏环境和材料的设置。

（2）根据角色游戏的特点撰写角色游戏计划书并组织实施计划。

【实训准备】

（1）掌握角色游戏计划书的基本构成，以及各年龄段角色游戏的不同要求。

（2）掌握角色游戏环境创设的内容以及材料投放的要求。

【实训步骤】

（1）根据哆来咪蛋糕店的教案，制定完整的《小班娃娃家》角色游戏计划书，并从游戏名称、游戏主题由来、游戏目标、游戏准备、游戏过程、游戏观察重点以及教师指导介入等方面进行游戏计划书的汇报。

（2）参照教师资格角色游戏面试视频，对设计的《小班娃娃家》角色游戏计划书进行模拟实施。

（3）同学进行相互点评，教师对共性问题进行点评，并进行针对性的指导。

（4）对整个过程进行总结和记录，并作出反思，修改游戏计划书，随后进入一线创设角色游戏的环境以及组织与实施游戏。

（5）进行总结、反思。

【实训评价】

角色游戏的环境创设符合幼儿的心理特点，材料丰富且具有层次性。角色游戏的开展过程有序，环节完整。游戏讲评环节能够有效丰富幼儿的经验，促进小组之间的合作。

第三节　建构游戏的指导要点与实践

一、建构游戏的概述

（一）建构游戏的概念

建构游戏是学前儿童运用各种建筑材料和建构材料（如积木、积塑、沙、雪、金属材料等）进行建筑和构造造型的游戏，亦称结构游戏，是创造性游戏的一种。在建构游戏中，学前儿童既能表现现实生活中的各种物体形态，又可以将脑海中想象的物体具体化。

（二）建构游戏的分类

建构游戏的材料丰富多样，包括积木、积塑、雪花片等专门材料；泥、沙、雪等自然材料；瓶子、纸盒等废旧材料以及半成品材料。学前儿童通过各种不同的建构材料，如拼图、积木、手工制品等进行游戏。根据所用材料的不同，建构游戏可分为以下几类：

1. 积木建构游戏

积木建构游戏是一种使用各种积木或其他替代品作为游戏材料的游戏。积木的样式多样，包括大、中、小尺寸以及实心、空心等种类。这种积木建构游戏在幼儿园中开展得较早，且较为普遍。

2. 积塑建构游戏

积塑建构游戏是一种使用由塑料制成的各种形状的片、块、粒、棒等部件，通过插接、镶嵌等方式组合成各种物体或建筑模型的游戏。

3. 拼棒建构游戏

拼棒建构游戏是用火柴杆、塑料管、冰棒棍或用糖纸搓成的纸棒等作为游戏材料，拼出各种图形的一种游戏。

4. 拼图拼板建构游戏

拼图拼板建构游戏是一种用木板、纸板、塑料或其他材料制成不同形状薄片，并按规定方法进行拼摆的游戏。儿童可以根据兴趣拼摆出各种物体形状。

5. 金属建构游戏

金属建构游戏是一种以带孔眼的金属片为主要建构材料，用螺钉进行接合，搭建各种物品的游戏。

6. 手工建构游戏

手工建构游戏是一种用纸、珠、线、布、绳子等材料折叠、编织造型的游戏。

7. 玩沙、水、雪等建构游戏

沙、土是具有不定型建构的材料，学前儿童可以随意操作。学前儿童还可以利用沙、雪进行堆城堡、堆雪人等游戏。玩沙、玩水、玩雪都是简便易行的建构性游戏。

（三）建构游戏的特点

1. 丰富的建构材料是建构游戏的物质基础

建构游戏是借助于多种多样的材料进行的操作活动，离开具体材料便无法开展。建构游戏的材料主要包括以下几类：积木、积塑、雪花片等专门的建构材料；沙、石、水、土、雪等自然建构材料；瓶子、挂历、纸盒等废旧物品和半成品的辅助性材料。

2. 建构游戏是学前儿童的操作性活动

操作性是建构游戏的显著特点。建构游戏必须通过学前儿童的自由操作才能发挥作用，一旦离开了学前儿童的具体操作，丰富的材料将变得毫无用处。

3. 建构游戏是学前儿童的创造性活动

建构游戏的材料是由各种单个的零件组成的。与形象玩具不同的是，当这些材料处于未建构状态时，仅表现为一个个单独的材料，如一片雪花插片、一块积木。只有通过活动中的构造，建构材料才会衍生出千变万化的形象。多变性与多样性的特点使建构游戏具有丰富的表现力，为学前儿童提供了发挥创造力和想象力的广阔空间。

4. 建构游戏反映学前儿童的空间知觉能力、象征能力与动作技能的发展

建构游戏是学前儿童运用建构材料将脑海中对于某种建构的表象表现出来的游戏。在操作建构材料进行建构的过程中，学前儿童不仅需要运用各种动作技能，如大肌肉和小肌肉动作、手眼协调，还需运用对正在建构物体的空间认知能力及象征能力。由此可见，建构游戏反映了学前儿童在空间知觉能力、象征能力及动作技能方面的发展。

（四）建构游戏的发展阶段

1. 第一阶段：摆弄

摆弄通常是两岁以下学前儿童的典型行为。他们只是把积木搬来搬去，并不进行实际的搭建。例如，将积木从箱子里拿出来，把积木从一个地方搬到另一个地方，或用一只手抓后再换另一只手抓等。由于这一阶段的儿童只是摆弄积木，似乎是在感知积木的特性，或将积木想象成某种物品，但并未将积木用于搭建，因此这一阶段还不能称为真正的建构阶段。

2. 第二阶段：堆高或平铺

两三岁的学前儿童开始进行真正的建构活动。当他们初次尝试搭积木时，常见的情景是先放一块积木，再将另一块积木摞在上面，然后一块、两块……坚持不懈地往上堆，直到用完手中所有的积木；他们先放一块积木，再将一块积木接在后面，一块接一块……最终形成一条长龙。第一种方式称为堆高，第二种方式称为平铺。在堆高或平铺的过程中，他们重复着单一的堆高或平铺动作模式，只是简单地将积木一块一块地往上摞，或者一块接一块地平铺成一列，往往并不关注重叠或排列是否整齐，只在意能否摞得高高的、铺得长长的。在这一阶段的后期，学前儿童逐渐开始将堆高和平铺结合起来进行建构。

3. 第三阶段：架空

三岁左右的学前儿童可能会开始探索如何用一块积木将其他两块有一定间距的积木连接起来，即通过“架空”的建构技能，搭建出类似“门”“桥”或“房顶”的结构。架空需要学前儿童探索两块积木之间的距离与第三块积木长度之间的关系。

4. 第四阶段：围合

围合即用几块积木围成一个封闭的空间。掌握了围合技能后，学前儿童可以构建出诸如小动物的“家”“动物园”“汽车库”“幼儿园”等各种造型，建构的造型也逐渐变得更加丰富和复杂。

5. 第五阶段：模式

随着学前儿童意识到可以用建构材料构建出一定的造型，他们开始探索并运用各种方式进行建构，逐渐形成一定的模式。例如，在使用“红、黄、蓝”三种颜色的积木构建火车时，他们可能会展现出不同的模式（如 ABC、ABB 等）；在使用不同大小的积木堆高的过程中，他们也可能展现出“大小”“大小小”等模式。这体现了学前儿童对不同物件之间建构关系的认知。在这一阶段，学前儿童开始关注建构造型的平衡、对称等特性。渐渐地，他们建造出来的模型变得越来越复杂，且越来越具有艺术性。然而，在这一阶段，他们往往还不具备为建构物命名的能力。

6. 第六阶段：表征

四五岁学前儿童的建构游戏开始进入表征阶段。他们在建构之前就清楚自己要建构什么，然后通过对材料的操作将脑中设想的造型表现出来，建构的目的性和计划性大大增强。在这一时期，学前儿童在完成造型之后，往往会利用建构物开展象征性游戏。例如，在建构之前，他们可能会自言自语地说：“我要给小兔子造一个房子。”房子造好之后，他们可能会说：“这是小兔子的家。”然后拿着小兔玩偶和“房子”玩起了“小兔子捉迷藏”的游戏。

（五）建构游戏的年龄特点

1. 小班儿童建构游戏的特点

（1）目的性不强

小班儿童不具备预先计划活动的能力，对材料的选择和操作较为随意、盲目，未能意识到材料的搭建功能，而仅将其用于嬉戏。例如，他们可能会将积木拿在手中当作手枪，或将长短、大小不一的积木堆起来后推倒。这些儿童在建构活动中的坚持性较弱，注意力容易分散，易受外界因素干扰而改变原有的活动。例如，有些孩子起初表示要搭建房子，但听到其他小朋友说想搭建汽车后，便转而搭建汽车；他们难以持续专注于自己搭建的作品，常常会停下来四处张望，然后重新投入游戏。

（2）技能简单

小班儿童在建构时尚未掌握材料的形状、大小等建构特征，通常随意进行建构。其建构技能较为简单，基本上以简单的平铺、延伸和堆高为主。大部分小班儿童一进入积木区便会拿起积木开始平铺，之后进行叠高，接着再向左右两边平铺。因此，他们常常称自己是在搭大楼或火车。此外，他们也会出现主题与表现脱节的现象。例如，某儿童开始说要建电视台，搭建了一会儿又说在建房子或宝塔，之后拿一个小方形积木放到房子里，又说是在建汽车站。而实际上，在整个建构过程中，他所搭建的造型并没有明显变化，与他口中所述的要建构的几种事物都不相符。

2. 中班儿童建构游戏的特点

（1）目的性较强

中班儿童的游戏目的性相较于小班儿童有所增强，具有初步而简单的构思计划。多数中班儿童在一开始便能确定主题，并围绕该主题开展活动。然而，主题仍然较为单一，综合性主题较少。此外，儿童在确定主题之后，往往仅知道要搭建什么，却缺乏对主题的深入分析与发掘，对于如何实现主题也缺少更多的思考。

（2）技能有所提升

中班儿童对建构材料已较为熟悉，能够根据建构物体的特性选择材料，并将积木的形状与在生活中积累的经验相结合。搭建物体时，他们也能较多地考虑形状的逼真性。例如，有些儿童在搭建树木时，会选择用圆柱形积木和半圆形积木叠成蘑菇状；在建构汽车时，会用半圆形积木做车身，再将小的半圆形积木反置作为车轮。然而，中班儿童对材料的使用方式往往较为单一，若仅进行积木游戏，其建构技能主要表现为叠高和架空这两种基本形式。

3. 大班儿童建构游戏的特点

（1）目的性和计划性均有所增强

大班儿童的建构意识显著增强。在搭建前，他们不仅能明确自己要搭什么，还能迅速选定材料。在材料的选择上，他们的要求更高，想象力也更加丰富。他们能够长时间围绕一个主题进行建构活动，直至达到目的。

（2）技能日趋成熟

大班儿童能够积极运用各种技能，搭建出丰富多样的造型，如公园、轮船、军舰、商店等。技能的日趋成熟使大班儿童能够更加合理、充分地将细小材料运用到综合性的作品中，注重展现事物的细节特征。

二、建构游戏的指导与实施

（一）建构游戏开展前的指导要点与实践

1. 提供充足的游戏时间与广阔的游戏场地

在全日制幼儿园中，幼儿每天至少应有半小时的时间接触和进行建构游戏。此处所说的至少半小时，并非要求所有幼儿都必须在同一时间玩建构游戏，也不意味着每名幼儿必须连续至少半小时都在玩建构游戏，而是教师应每天为幼儿提供充足的游戏时间，并创造合理使用建构材料的机会，确保累计时间至少为半小时。

建构游戏的场地应以活动区角的形式在活动室内进行布置和安排。选择宽阔的游戏场地旨在满足幼儿进行平行游戏与合作游戏的需求。此外，建构游戏区角的地面最好具有消音功能，并设有专门陈列作品的区域，以便幼儿展示和呈现其建构的造型作品。

2. 提供丰富的建构玩具与材料

材料是幼儿进行建构游戏的物质基础。教师应根据幼儿的年龄特点和游戏发展水平，为其提供相应的材料。

托、小班儿童双手精细动作尚不完善，且较少有目的地选择建构元件进行搭建活动，仅处于无意识堆积、无意识接插的阶段，宜投放大型插塑和彩色积木，并与形象玩具结合使用。

小、中班儿童具有一定的造型意识，但目的性不强，且作品较为简单。他们对颜色的选择不敏感，因此宜投放原色积木和单色插塑，或按颜色分类投放（将相同颜色的玩具归在一起），以便儿童对建构造型进行整体感知。同时，可适当提供少量形象玩具，以增强其造型活动的动机。

中、大班儿童的造型意识较强，他们会选择材料的种类和颜色来实现自己的构思，且作品逐渐变得复杂。除了原色积木，应适当增加插塑材料的种类。彩色插塑的数量应满足作品造型对颜色的需求，并辅之以纸、笔、盒、罐、绳等各种非建构性材料，使造型目标更容易实现。此外，任何材料的投放都不能一成不变，因此，在提供常规材料的基础上，应酌情增加辅助材料，并根据学前儿童游戏的反馈进行适时调整。

3. 教会学前儿童游戏的基本技能

在游戏开始时，先要向学前儿童介绍建构材料的名称和性质，说明游戏规则；然后通过示范、示例、建议等方式，帮助他们掌握基本技能，并给予他们充分的自由练习时间。

（1）识别材料

引导学前儿童认识建构玩具，辨别建构元件的大小、形状、颜色等形态特征；学会选用建构元件进行物体构造，并能够灵活使用材料。

（2）建构操作技能

引导学前儿童学习积木的排列组合（平铺、延长、对称、加宽、加长、加高、围合连接等），进行插接镶嵌和拼搭连接（整体连接、交叉连接、端点连接、围合连接等），以及掌握穿插、编织、黏合等造型技能。这些技能是学前儿童构造物体的基础。

（3）设计构思能力

引导学前儿童进行整体构思和规划，使他们能够有目的、有计划、有步骤地开展建构活动。在实践过程中，能够根据需要进行修改和补充，以确保建构活动取得成功。

（4）建构分析技能

引导学前儿童学会看平面图纸，分析建构范例。

（5）集体构造技能

引导学前儿童在集体构造活动中学习分工与合作，共同完成任务。

教师可以通过模拟构造（实物的模拟、玩具形象的模拟、图片中事物的模拟等）、主题构造（如火车、轮船、动物园、医院等）、自由构造等方式，教会学前儿童掌握上述基本建构技能。教师应注意有序地提供建构游戏材料，即由浅入深，由简单到复杂。

4. 丰富幼儿的生活经验，加深对事物的印象

建构游戏绝不仅是一种简单的拼插活动，而是将生活经验在头脑中积累并创造性地再现的一种活动。幼儿只有通过细致观察，丰富表象，才有可能创造出新的事物。幼儿的好奇心驱使他们渴望了解周围的一切。教师应通过引导幼儿观察事物，帮助他们感知生活中

常见事物的主要特征。在日常生活中，教师应引导幼儿有目的地观察，培养他们对自然事物的敏感性，指导他们关注物体的形状、建构、色彩等，注意采用由近及远、由局部到整体的观察顺序，积极培养他们仔细观察周围事物的习惯。

让幼儿养成仔细观察事物的习惯，目的是为下一步的建构游戏打下坚实基础。在观察过程中，教师可以通过谈话或提问的方式不断刺激幼儿的大脑，加深其记忆，使幼儿在离开实物后脑海中仍能呈现相关物体的形象。幼儿积累一定的感性经验后，便具备了模仿乃至创造的基础。

首先，教师可以带领幼儿观察日常生活中的物体和图片。通过观察，幼儿能够加深对各种事物的印象，掌握物体的特点，并在游戏中创造性地将其表现出来。其次，教师可组织幼儿到自然环境中观察物体，让他们留意大自然中的各种物体和建筑物的形状、建构特点、色彩等。在引导幼儿观察物体的过程中，教师应帮助幼儿有目的、有顺序地进行观察，清晰地把握物体各部分的形状及其相互关系，从而引导幼儿总结出物体的主要特征。例如，在引导幼儿观察房子时，教师应按顺序引导他们观察房顶的造型、门和窗的位置及建构等。同时，教师应注意引导幼儿观察这几部分的整体关系，最终概括出房子的基本特征和建构特点，以便更好地进行建构游戏。最后，教师可以引导幼儿对同类事物进行对比观察，比较事物之间的相同点和不同点。这种观察方法不仅能让幼儿加深对同类物体共性的认识，还能帮助他们辨别出物体的个性特征，从而形成对各种物体的完整感知。

5. 建立规则

游戏规则是确保游戏顺利进行并保证游戏质量的必要环节。教师应在游戏前与学前儿童共同制定游戏规则。

模拟实训

（1）请观察幼儿的建构游戏，分析幼儿运用了什么建构方法？

（2）每个学习小组选定一个年龄段和建构主题，思考将选用何种积木，并确定以何种具体方式在本游戏开展前丰富幼儿的关键经验。如何进行本游戏的环境规划？（请绘制规划示意图）

（二）建构游戏开展中的指导要点与实践

1. 建构游戏的观察要点

（1）小班

小班儿童对建构游戏是否感兴趣？他们对哪些建构游戏材料感兴趣？

小班儿童是否会摆弄材料？

小班儿童是否具备初步的建构意识和基本的建构技能？

小班儿童在游戏中遇到哪些困难？他们是否会主动寻求教师帮助？

（2）中班

建构游戏兴趣的持久性。

中班儿童是否有简单的建构计划？中班儿童在游戏过程中是先想后做，还是先做后想，或是边想边做？他们是否具有简单的初步建构计划？

建构游戏发展水平。首先，观察建构游戏的开展情况；其次，观察中班儿童的建构技能掌握情况，例如能否在观察的基础上掌握铺平、延长、围合、搭高、拼插等技能，是否能够搭建简单的物体造型，是否能够运用一定的对称方法和颜色搭配方法进行建构活动，以及是否能够运用一些搭建技巧开展主题建构活动；再次，观察建构游戏材料的使用情况，例如是否能够正确操作并使用新材料，甚至合理运用辅助材料。

（3）大班

大班儿童的搭建目的是否明确？搭建计划是否清晰？他们是否能围绕特定的主题进行搭建？

建构水平体现在搭建作品的复杂程度上，以及能否运用搭建技巧完成复杂的任务。搭建作品是否反映物体的主要特征，以及是否会寻找替代材料或辅助材料也在考量范围内。

观察大班儿童在建构游戏过程中的分工与合作行为及其与同伴的关系，以及这些行为对搭建作品的影响。

大班儿童在游戏过程中解决问题的方法与策略是否具有一定的创造性，以及能否评价同伴的作品，是值得探讨的问题。

2. 建构游戏的指导要点

（1）小班

通过创设情境和环境来引发小班儿童的建构兴趣。可以有意识地搭建物体，让孩子注意到材料的变化，例如运用雪花片插接花朵，或用大型积木搭建房子等。同时，可以带领小班儿童参观中、大班儿童的主题建构活动，以引起他们的兴趣，激发其建构愿望。教师需注意，提供的材料种类不宜过多、过小，不同颜色的材料应分开陈列。

引导小班儿童建立初步的建构意识。在建构之前，引导他们有意识地说出将要建构物品的名称。

帮助小班儿童认识和掌握一些基本的建构游戏材料及建构技能。小班儿童需要掌握的建构知识和基本技能主要包括：认识建造材料，能准确地说出其名称，识别其形状、大小、颜色，能够辨别上下、中间等方位，并学会用建造材料建造简单的物体，表现出物体的主要特征。教师可通过示范、展示范例、讲解、练习、语言提示及启发等方法，帮助儿童掌握基本的建构知识与技能。例如，引导小班儿童认识建构材料并说出其名称；引导他们观察实物或玩具的外形特征，感知建构物的造型；引导小班儿童初步掌握拼插的方法。

制定简单的建构游戏规则，培养良好的游戏习惯。良好的游戏习惯为建构游戏的顺利进行提供了保障。在开展建构游戏前，需制定简单的游戏规则，如材料取放规则、材料整理规则、游戏结束信号等，引导小班儿童掌握整理和保管游戏材料的基本方法，培养其良好的游戏习惯。

模拟实训

（1）请小组针对小班建构游戏“造房子”的游戏主题及年龄特点，讨论如何导入该游戏。

（2）小组讨论：针对该情景，你们将会如何进行指导？

预设情景：婷婷开始进行“造房子”的建构游戏。她把积木一层一层地堆积起来，堆了四五层后，自言自语道：“汽车搭好了。”随后，她开始反复摆弄剩余的积木，不再继续搭建。

（2）中班

增强建构游戏兴趣的持久性，可以通过丰富主题、提供多样化材料以及展示建构成品等策略来实现。

引导中班儿童制订简单的建构计划，探索建构过程。

发展中班儿童的建构技能，提升其建构水平。在掌握铺平、延长、围合、搭高、拼插等基本技能的基础上，学习运用对称技巧和颜色搭配技巧进行建构活动。教师可在建议主题的基础上，引导儿童自主选择建构游戏的主题，并展开主题搭建。鼓励儿童探索多样化的建构游戏材料，包括一些辅助材料。通过提供支持性策略，进一步发展中班儿童的建构游戏水平。丰富儿童的生活经验，组织小组建构活动，促进共同讨论、分工合作，以提升建构游戏的社会性水平。

鼓励学前儿童自己解决建构游戏过程中遇到的问题，引导儿童交流、分享并尝试评价。在结束游戏前，教师要组织中班儿童进行建构活动的交流、分享和评议，可以描述自己的建构作品，也可以讲述自己在建构过程中遇到的问题及解决策略，还可以欣赏、评价同伴的作品。这可以激发中班儿童对建构游戏的兴趣，提高他们的欣赏水平，并为下次游戏打下基础、做好准备。

模拟实训

预设情景：浩浩和阳阳正在搭建立交桥。他们在建造桥面时产生了分歧：浩浩认为立交桥的桥面可以是圆形的，因此可以选择圆形积木；而阳阳则坚持认为桥面只能是长方形的，不能使用圆形积木。两人争执不下，搭建游戏也因此陷入停滞。

小组讨论：针对情景，你们将会如何进行指导？

（3）大班

强调搭建活动的计划性和目的性，引导大班儿童根据实物或主题内容搭建作品，注重搭建成品的审美性和创造力。

让大班儿童围绕一个主题进行建构时，学习表现物体的细节和特征；寻找替代材料或辅助材料；探索新的搭建技巧，提升建构水平，使其能够搭建更为复杂的作品；进行分工与合作。

鼓励大班儿童自发、创造性地解决建构游戏中的问题和困难。

引导大班儿童学会欣赏同伴的作品，在欣赏自己及他人作品的过程中，逐渐发展自我评价和评价他人的能力。

模拟实训

预设情景：小宝和几个好朋友一起搭建了游乐园里的“钓金鱼游戏区”。他们用大积木铺好了“水池”，用小积木代替“金鱼”，还用管道积木制作了“钓鱼竿”。游戏区搭建完成后，其他小朋友被吸引过来，想要玩钓鱼游戏。然而，当他们准备玩游戏时，却发现提供的材料根本无法把“鱼”钓起来。

小组讨论：针对情景，你们将会如何进行指导？

（三）建构游戏开展后的指导要点与实践

游戏结束后，根据实际需要对学前儿童的作品进行点评并展示。具体而言，主要包括以下几个方面：游戏中是否出现了水平较高的搭建作品？游戏过程中遇到的技能困难是否得到了有效解决？学前儿童是否产生了新的创意？是否激发了他们的建构兴趣？等等。

讲评时间要简短，讲评对象的范围要广泛，形式应多样且具有趣味性。讲评结束后，对于一些优秀且广受喜爱的作品，可保留一段时间，供大家欣赏与观摩。

教师应以表扬为主，鼓励学前儿童大胆介绍自己的作品。介绍内容包括：作品的名称、用途、搭建过程、遇到的困难以及解决办法。教师可以围绕儿童的建构作品、创意、成功体验以及协商合作能力等方面，引导他们相互交流和讨论。通过讲述，儿童能够回忆并整理自己的经验；通过交流，他们分享经验；通过讨论，他们丰富经验并发现问题。这一过程有助于提高儿童的自我意识水平。讲评的目的是了解儿童的发展需求，以便提供更适宜的帮助和指导，而非仅仅评比作品的好坏。

模拟实训

（1）你会如何组织大班幼儿整理“游乐园”玩具材料？

（2）在组织大班幼儿讨论评价“游乐园”游戏时，你会采用什么方法或者问哪些问题鼓励幼儿一起参与？

综合实训

项目名称：建构游戏的组织与指导

【实训目标】

（1）掌握建构游戏活动区的创设要求，能够初步进行建构游戏环境和材料的设置。

（2）根据建构游戏的特点，撰写建构游戏计划书并组织实施计划。

【实训准备】

（1）掌握建构游戏计划书的基本构成，以及各年龄段建构游戏的不同要求。

（2）掌握建构游戏环境创设的内容以及材料投放的要求。

【实训步骤】

（1）制定完整的建构游戏计划书，从游戏名称、游戏主题由来、游戏目标、游戏准备、游戏过程、游戏观察重点以及教师指导介入等方面进行游戏计划书的汇报。

（2）对设计的建构游戏计划书进行模拟实施。

（3）同学进行相互点评，教师对共性问题进行点评，并进行针对性的指导。

（4）对整个过程进行总结与记录，反思并修改游戏计划书，随后开展建构游戏的环境创设及游戏的组织与实施工作。

(5) 进行总结、反思。

【实训评价】

建构游戏的环境创设符合幼儿的心理特点，材料丰富且具有层次性。建构游戏的开展过程有序，环节完整。游戏讲评环节有效丰富了幼儿的经验，小组间合作良好，体现了团队协作精神。

第四节 表演游戏的指导要点与实践

一、表演游戏的概述

(一) 表演游戏的概念

表演游戏是学前儿童依据故事、童话等文学作品（或自行创编的故事）内容，运用语言、动作、表情扮演其中的角色，并根据自己的理解和想象创造性地演绎文学作品的一种游戏。由于表演游戏通过表演创造性地再现文学作品，因此它也属于一种创造性游戏。

(二) 表演游戏的特点

1. 游戏性

游戏性是表演游戏的首要特点。学前儿童的表演游戏主要在于提升、满足自身的表演兴趣和欲望，无论是否有观众或观众的评价如何，他们追求的是一种游戏的体验。表演游戏的本质是游戏，因此它必须符合游戏的基本特性。在此过程中，学前儿童应具备内在的动机，能够自由选择，并获得积极的情感体验。

2. 表演性

表演游戏是学前儿童扮演故事（可以是文学作品，也可以是自行改编或创编的故事）中的角色进行表演的一种活动，具有一定的“表演性”。不同于角色游戏中的装扮，表演游戏中的表演更加注重表演的元素，如语言、语调、语气和动作，更倾向于采用艺术化的夸张手法。但与戏剧表演不同的是，表演游戏并不以表演为首要目的。

3. 创造性

表演游戏的一个重要特点就是创造性。学龄前儿童对故事的理解基于自身已有经验，未必局限于故事本身的内容。他们在表演过程中往往会加入自己的领悟和解读，从而呈现不同的故事内容，展现出创造性。学前儿童对于故事的表演方式是根据自己的理解和喜好来选择的，并非对戏剧表演的机械模仿，而是一种创造性的表达。

4. 综合性

表演游戏不同于单纯的歌舞表演，它是一种综合性的活动。其形式多样且综合，不仅限于口头语言，还包括表情，乃至肢体动作，唱歌、跳舞、朗诵等都可以融入表演中。表演游戏的内容十分丰富，可以涵盖各个学习领域。学前儿童在表演游戏中获得的成长是多元的，涉及认知、社会性和情感等多个方面。

5. 结构性

表演游戏应以故事为线索，以故事的发展顺序为基本框架进行创造性表演。在表演过程中，参与者应尽量使自己的一言一行与故事的情节和人物相联系。创造性表演的发挥受“故事”框架的约束，不能随意而为。由此可见，相比角色游戏的松散、随性和生活化，表演游戏的开展受限于故事脚本，具有一定的结构性。幼儿在游戏中扮演的角色，通常是他们经常接触的、自认为重要的或能引发强烈情感的人物。这些角色一般包括功能性角色、互补性角色和想象性角色等几类。通常，幼儿会根据自己的情感倾向对扮演的角色有较强的选择性。

二、表演游戏的指导与实施

（一）表演游戏开展前的指导要点与实践

1. 表演游戏内容的选择

适合表演的故事应符合以下要求：

（1）故事具有重要的价值。我们一直期望学前儿童能够在游戏中获得发展，因此，故事对儿童发展的价值是选择表演游戏时需要考虑的重要因素之一。表演故事的内容应有益于儿童，能够启迪他们的思想、陶冶他们的情操、丰富他们的知识。

（2）故事应为学前儿童所喜爱并熟悉。只有让学前儿童喜爱并熟悉的故事，在表演时才能得心应手，乐在其中。所谓喜爱，意味着故事应符合学前儿童的年龄特点，确保他们能够理解故事。通常，在初始阶段，应选择篇幅较短、情节简单、对话重复的故事；随着时间推移，可以逐渐选择情节更为复杂、篇幅较长、文学性更强的故事，以给予学前儿童更多发挥想象力的空间。而熟悉，则需要通过多种途径让学前儿童对故事耳熟能详，多听、多讲、多看。

（3）故事应角色鲜明、易于表演。如《金色的房子》中的五个角色（小姑娘、狗、鸟、羊、猴），各个角色特征鲜明，情节贴近儿童日常生活，对话简洁，接近口语。

2. 表演游戏内容的熟悉与理解

选择好表演内容后，由于不同年龄段的学前儿童对文学作品的熟悉程度各异，教师可以引导他们复述作品的主要情节，为表演做好准备。

对于小班儿童，教师可利用示范与讲解、提问相结合的方法，帮助学前儿童了解简单的故事情节，掌握角色语言和动作，激发他们的表演兴趣。例如，在小班游戏“三只羊”中，教师先与学前儿童一同完整地讲述故事，然后引导他们边讲故事边进行表演。

中班儿童活泼好动，语言和动作的模仿能力强，同时具有一定的创造性。教师可以借助动作或图片，以及分角色对话、戴头饰表演等方式，引导儿童复述作品内容，帮助他们进一步熟悉和理解故事，学习有感情地讲述对话。应允许儿童边讲边演，相互讨论，并加入自己的理解和想象。例如，在中班的表演游戏“三只蝴蝶”中，当三只蝴蝶被雨淋湿后对红花、黄花、白花说话时，教师可指导儿童使用可怜和请求的语气；当三只蝴蝶齐声拒绝三朵花时，使用坚定的语气；而三朵花回应三只蝴蝶时，则使用傲慢的语气。教师可以充分利用中班儿童活泼好动的特点，在复述故事的过程中，鼓励儿童互相对话、互相评价，构思表演方式，激发他们的表演欲望。

大班儿童的自主性、创造性和表演技能均有了显著提高，他们可以自主选择表演内容并进行展示。教师应引导大班儿童更深入地理解角色语言、动作以及思想感情的变化，追求更为完美的表演；同时，充分发挥他们的想象力，引导其对表演内容进行改编或创编。例如，在《三只小猪》的表演中，教师可以引导大班儿童对故事结尾进行创编：大灰狼又会想到什么坏点子？小猪们又将如何打败大灰狼？这样的引导不仅能够激发大班儿童的想象力，还能够有效调动他们参与表演的积极性。

3. 创设表演游戏的环境

表演游戏的环境内容包括简易的舞台、布景，以及服装与道具。幼儿应成为环境创设和材料准备的主体。在表演游戏中，布景的装饰以及服装和道具的制作，是幼儿深入理解文学作品、构思表演方式的过程。教师可以引导幼儿收集和制作丰富的材料，并将其投放到游戏区，如头饰、服装、人偶、皮影等。同时，教师也可以提供一些半成品材料，如纸筒、彩纸、绸缎等，便于幼儿利用这些材料进行道具制作和服饰准备。

教师还应营造轻松、愉悦、包容、认可与尊重的氛围，鼓励幼儿大胆表现，充分展示自我。

模拟实训

请观看教师讲故事《拔萝卜》视频，回答以下问题：教师是如何丰富幼儿的关键经验的？尝试模仿教师的讲述方式，并选择道具进行故事片段表演。

（二）表演游戏开展中的指导要点与实践

1. 小班

小班儿童处于表演游戏的初级阶段，主要通过模仿进行学习，通常不会主动进行表演游戏，且缺乏表演的信心。在指导小班儿童进行表演游戏时，教师可采用以下策略：

（1）当教师引导小班儿童熟悉并理解了要表演的文学作品后，教师（一位或几位）可以对他们进行示范，以激发其表演欲望。小班儿童可通过观看教师的表演，学习语言表达技巧和动作表演技巧。

（2）教师与小班儿童共同游戏。教师在游戏中扮演某一角色。一方面，教师的表演可以启发儿童，儿童通过模仿教师进行表演，从而树立表演的自信心；另一方面，这也便于教师在表演过程中及时给予提示和引导，并通过语言和动作帮助小班儿童解决游戏中遇到的困难。

（3）制定角色轮换规则。小班儿童尚不具备相互协商分配角色的能力，往往都希望扮演自己喜欢的角色。教师可在尊重小班儿童意愿的前提下，协助其进行角色分配，同时要让小班儿童理解轮换角色的必要性，并制定相应的角色轮换规则。

此外，教师对儿童表演效果的评价至关重要。对于小班儿童，教师的评价应主要从语言、动作和行为等方面进行，以肯定和鼓励为主。

2. 中班

中班儿童的游戏表演有了一定的组织性，但仍需要教师的协助和支持。

（1）中班儿童能够相互协商完成角色分配，但角色轮换的意识不强。教师可以帮助中班儿童制定角色更换规则，让幼儿学会按规则行事。

（2）中班儿童游戏的目的性不强，仅满足于与同伴共同游戏的快乐。教师可通过观察表演，在适当时机给予提示，避免游戏跑题。

（3）中班儿童的表演游戏处于从“一般性表演”向“生动性表演”的过渡阶段。为了提高中班儿童的表演技能，教师可以通过参与表演的方式，提供语言和动作示范，引导并鼓励他们运用语气、语调、动作和表情，创造性地塑造角色。

（4）中班儿童活泼好动，在表演游戏过程中，经常出现打闹嬉戏的场面。教师需时刻观察他们的行为，做好安全防范措施。

3. 大班

大班儿童能够通过相互协商完成角色分配和更换，游戏具有一定的目的性和计划性，并能独立再现作品内容，但表演技能尚需进一步提高。教师可采取以下策略进行指导。

（1）在大班儿童表演时，进行录像记录。表演结束后，组织大班儿童共同观摩和讨论，完善表演的语气、语调和动作，提高表演技能。

（2）教师在观看大班儿童表演时，应及时发现大班儿童在语言、动作等方面的创造性表现，并通过肢体动作给予鼓励。

（3）大班儿童已经不再满足于简单地再现故事内容，教师应鼓励他们进行创造性表演，发挥他们的想象力。如果大班儿童的表演与故事内容有出入，教师不应干预，只需作为观众观看表演。教师的欣赏本身就是一种鼓励。教师还可以通过组织创作活动，例如给出 2～3 个小动物的提示，要求大班儿童编故事并进行表演，或者采用续编故事的方式，培养大班儿童的创造力。

（三）表演游戏开展后的指导要点与实践

1. 组织学前儿童评价、总结游戏

游戏结束后，教师应对学前儿童的表现进行评价，对于具有创造性的行为，应给予肯定。

2. 鼓励、督促学前儿童收拾服饰和道具，培养其责任意识

整理放置好相应的道具，能在游戏中培养学前儿童的责任意识。

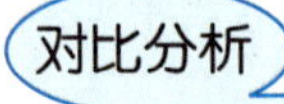

《三只小猪》

观摩表演游戏和儿童剧《三只小猪》。

思考：《三只小猪》的表演游戏和儿童剧主要有哪些区别？

综合实训

项目名称：表演游戏的组织与指导

【实训目标】

（1）掌握表演游戏活动区的创设要求，能够初步进行表演游戏环境和材料的设置。

（2）根据表演游戏的特点，制定游戏计划书并组织实施计划。

【实训准备】

（1）掌握表演游戏计划书的基本构成，以及各年龄段表演游戏的不同要求。

（2）掌握表演游戏环境创设的内容以及材料投放的要求。

【实训步骤】

（1）以小组形式自选故事进行一段表演（时长约5分钟）。小组全体成员须分配角色，每位成员都必须有角色，其中一人可担任旁白。

（2）自制舞台布置和道具，要求至少包含一种场景道具、一种角色标志（如头饰）和一种表演道具（故事中出现的物品）。所有道具需在课前准备完毕。

（3）内容完整，包括开场报幕、谢幕。最好有背景音乐。

（4）每一小组表演完毕后，其他同学进行互动点评。

【实训评价】

表演游戏的故事选取与装饰符合幼儿的心理特点，材料丰富且具有层次性。表演游戏的开展过程井然有序，环节完整。游戏讲评有效丰富了幼儿的经验，小组之间合作良好，团队协作能力得到锻炼。

第三章　幼儿园集体教学活动的实践指导

学习目标

知识目标

- 了解集体教学活动的特点和意义。
- 理解集体教学活动目标制定的依据。
- 掌握集体教学活动目标和内容的设计。

技能目标

- 能够设计集体教学活动方案。
- 具备组织集体教学活动的能力。

情感目标

- 增强实践能力和创新意识。
- 提高自我反思和自我改进的能力。

内容导航

- 幼儿园集体教学活动的实践指导
  - 健康领域教学活动实践指导
    - 健康领域教学活动的特点
    - 健康领域教学活动的目标与内容
  - 语言领域教学活动实践指导
    - 学前儿童语言教育的年龄阶段目标
    - 学前儿童语言教育的方法
  - 社会领域教学活动实践指导
    - 学前儿童社会教育的总目标
    - 学前儿童社会教育的内容
  - 科学领域教学活动实践指导
    - 学前儿童科学教育的特点
    - 学前儿童科学教育目标制定的依据
    - 学前儿童科学教育内容的选编原则

案例导入

贝贝是个不折不扣的小书虫，家中的时光几乎全被她沉浸在书海中占据。起初，她端坐于桌前，姿态端正，但不久便不自觉地匍匐在桌面上，身体扭曲，甚至脸颊几乎与书页亲密接触。见此情景，妈妈总爱上前轻轻调整她的坐姿，温柔地提醒："坐直些，免得伤了眼睛，近视可就麻烦了。"然而，妈妈的叮咛往往换来贝贝俏皮的回应："这样趴着看书多惬意，我才不愿挺直腰板呢。"

请思考：

如何看待幼儿的上述行为？如何做好幼儿阅读的卫生？让我们带着这些问题展开本章的学习吧。

第一节　健康领域教学活动实践指导

一、健康领域教育活动的特点

（一）关注幼儿动作发展的规律

在幼儿园的健康教育活动中，确保遵循幼儿身体成长和动作发展的自然规律至关重要。这要求活动设计需循序渐进、科学严谨，以全面保障幼儿的身心健康与安全。首要任务是深入理解幼儿动作发展的阶段性特征：对于3～4岁的幼儿而言，其动作发展尚处于初级阶段，平衡感与规避能力较弱，动作执行常不协调，且易感到疲惫。步入4～5岁，幼儿的动作稳定性与灵活性显著提升，能够较好地适应中等强度的运动量与时长，但在动作的精确度和自我控制方面仍有待进步。到了5～6岁，幼儿的动作协调性、灵活性及精准度均实现了质的飞跃，他们热衷于挑战具有一定难度和冒险性的活动，团队协作行为也日益频繁。因此，在规划集体体育活动时，必须紧密贴合幼儿动作发展的这些阶段性规律，将幼儿的安全与健康置于首位，精心策划活动内容，创新活动形式，并合理提供活动材料，旨在激发幼儿的兴趣与参与热情，让他们在积极、快乐的氛围中全身心投入，从而达到锻炼体魄、增强体质的目的。

（二）关注活动过程的科学性

科学、高效的体育活动是促进幼儿身心健康、提升其体能素质及增强其环境适应能力的关键驱动力。在教育教学实践中，教师应充分考虑幼儿的个性化差异，精心设计活动的强度与密度。这是确保体育活动既科学又高效的核心所在。

首先，要确保体育活动结构的完整与合理。该结构依据幼儿身心发展的动态特性构建，涵盖热身、主体训练及放松恢复三大环节。热身阶段旨在激活幼儿的运动系统与辅助系统（如呼吸系统、血液循环系统），预防运动伤害，并激发幼儿的兴趣与专注力，为后续全身心投入奠定基础。此环节时间应控制得当，约占整体活动的15%。主体部分聚焦于通过多样化动作练习，强化幼儿的身体机能，提升协调性、灵活性，并培养其坚韧不拔的意志品质。此阶段运动量较大，时长占比高，占总时长的70%～80%。放松环节则侧重于身心放松，促进体能恢复，同时鼓励幼儿回顾活动，总结经验，其时长约为总活动时长的10%。

其次，合理安排体育活动中的运动量至关重要。活动量应遵循幼儿身体发展的自然规律，由低到高再逐步降低，以满足其身心发展的需求。运动量包含密度和强度两大要素：密度即幼儿实际参与活动的时间占比，需避免因消极等待时间过长而导致密度不足；强度则相当于运动量，教师在设计高强度活动时需控制时长，并巧妙穿插低强度环节，给予幼儿身体必要的缓冲与恢复时间，以防止过度运动造成的伤害。对于运动密度与强度，教师应灵活调整，使二者相辅相成，确保体育活动既充满挑战又不失合理性，让幼儿在动静相宜的活动中获得全面而有益的锻炼。

（三）关注自我保护意识和能力的培养

培养幼儿自我保护意识与能力，是确保其生命安全、健康成长的基石。在幼儿成长过程中，虽然成人监护不可或缺，但教育的深远意义在于赋能幼儿，使其具备自主防护的智慧与能力。因此，需依据幼儿的年龄特征，巧妙将其融入日常活动，传授基础安全知识，教授实用的自我保护技巧，循序渐进地增强其自我保护能力。

幼儿天性活泼、探索欲旺强，常因好奇心驱使而去探索未知。然而，他们往往对潜在危险缺乏辨识能力，难以预见自身行为的后果，因此极易置身险境。对此，教师应巧妙利用生活素材，实施安全与自我保护教育，以增强幼儿的风险感知能力。

特别是在户外体育活动中，幼儿由于活动空间开阔、情绪高涨，常进行大幅度动作和高强度运动。然而，受限于其动作敏捷度与协调性，加之自我保护意识与能力尚显不足，容易引发意外伤害。因此，教师在组织此类活动时，必须将幼儿的安全置于首位。具体策略包括：首先，细致检查活动场地与器材，确保其安全性和适用性，预先排除潜在危险；其次，引导幼儿主动观察环境，识别潜在风险，共同规划活动方案，培养其主动防范意识；再次，在活动过程中密切关注幼儿的动作规范，及时纠正不当行为，预防伤害发生，并灵活应对场地布局、人数控制及材料使用等可能带来的安全隐患；最后，利用活动尾声的总结时段，鼓励幼儿分享安全体验与自我保护的心得，通过集体学习，进一步巩固安全意识与自护技能。

（四）关注对幼儿勇敢、自信等学习品质的培养

幼儿时期的个人经历以及外界给予的反馈与态度，深刻影响着他们对自我的认知与评价。来自成人的赞誉与同伴的仰慕，是促进幼儿构建积极自我认同的关键因素。这种正面的自我概念将激励他们展现出更加乐观向上、勇敢自信的面貌。在健康教育的广阔领域中，体育活动成为培养幼儿自信、勇气与坚韧等品质的重要平台。

体育课堂上，教师应精心设计富有挑战性的游戏场景，并准备多样化、层次化的活动材料，以激发幼儿根据自身能力选择并勇于尝试挑战。当幼儿取得成功后，教师应慷慨地

运用激励性语言，鼓励他们向更高难度的目标迈进。面对挑战中的挫折，教师应与幼儿共同探讨原因，强化他们克服困难的决心，并细心体察幼儿的心理变化与情感波动。

对于遭遇挫败的幼儿，教师应倾注更多的关怀，引导他们以积极正面的视角看待成功与失败，学会从失败中汲取经验，选择适合自己的挑战，保持不屈不挠的精神。教师通过实施有效的策略，支持幼儿在活动中积累更多成功的经验，进而逐步增强自信，在不断尝试与磨炼中铸就坚韧不拔、勇往直前的意志品质。

二、健康领域教学活动的目标与内容

（一）健康领域教学活动的目标

《3～6 岁儿童学习与发展指南》指出："健康是指人在身体、心理和社会适应方面的良好状态。"由此可见，幼儿园健康活动的目标是促进幼儿身体健康、心理健康及社会适应能力的发展。各年龄阶段儿童的平衡力、动作协调能力与灵敏目标见表 3－1 所列。

表 3－1 各年龄阶段儿童的平衡力、动作协调能力与灵敏目标

3～4 岁	4～5 岁	5～6 岁
（1）能沿地面直线行走或在较窄的低矮物体上行走一段距离。 （2）能双脚灵活地交替上下楼梯。 （3）能身体平稳地双脚连续向前跳。 （4）分散跑时能躲避他人的碰撞。 （5）能双手向上抛球	（1）能在较窄的低矮物体上平稳地走一段距离。 （2）能以匍匐、膝盖悬空等多种方式钻爬。 （3）能助跑跨跳过一定距离，或助跑跨跳过一定高度的物体。 （4）能与他人玩追逐、躲闪跑的游戏。 （5）能连续自抛自接球	（1）能在斜坡、荡桥以及有一定间隔的物体上较为平稳地行走。 （2）能通过手脚并用的方式安全地攀爬架、网等设施。 （3）能连续跳绳。 （4）能躲避他人滚过来的球或扔过来的沙包。 （5）能连续拍球

模拟实训

请结合《3～6 岁儿童学习与发展指南》分别为大、中、小班制定健康教育目标。

___

___

___

___

（二）健康领域教学活动的内容

1. 身心状况

身心状况包括幼儿身体和心理两方面的发展状况。在身心发展中，幼儿要"具有健康的体态"。为实现这一学习与发展目标，教师在日常生活中应关注幼儿的体态，帮助他们形成正确的站姿、坐姿及行走姿势，及时引导和矫正幼儿的不良体态。通过健康活动的开展、生动图例的展示及互动性强的环境的设置，可以有效提高幼儿的观察与模仿能力，树

立正面典范，促使他们在日常生活中相互学习、彼此提醒，共同形成端正的体态。在关注幼儿体格发展的同时，教师需将同等焦点置于幼儿的情感世界与心理健康。教师应以欣赏的眼光发掘幼儿的闪光点，对幼儿偶发的不当行为持宽容与理解的态度，以此构建基于平等与尊重的师幼关系。

此外，教师应具备敏锐的洞察力，精准捕捉幼儿在一日生活中的情绪波动。通过耐心的询问与沟通，深入了解其背后的原因，进而采取有效措施进行心理疏导与情绪调节，教导幼儿如何以适当的方式表达情感，管理并化解负面情绪。这一系列努力旨在培养幼儿形成稳定的、积极的情绪状态，增强其环境适应能力，全面促进幼儿身心和谐发展。

2. 动作发展

幼儿的动作发展涵盖了身体大肌肉与手部小肌肉两个关键领域。这两方面是幼儿“运动技能成长”不可或缺的一环。针对大肌肉动作，我们需关注平衡感的建立、动作的协调性和敏捷性，以及适当的力量与耐力训练。教师可策划一系列丰富且符合幼儿年龄特点的室内外体育活动，激发幼儿的参与热情，助力其体魄强健。

关于小肌肉动作的发展，应聚焦于精细动作的灵巧度与协调性提升。教师需巧妙融入日常生活中的各种场景，鼓励幼儿独立自主，通过自我服务和力所能及的家务活动进行实践锻炼。同时，教师应积极营造良好的环境与提供机会，为幼儿搭建反复接触和操作各类材料的平台，引导幼儿在目标明确的游戏中逐步提升小肌肉动作的精准性与流畅度，促进其手部技能的全面发展。

3. 生活习惯与生活能力

幼儿全面发展的框架应涵盖对其健康成长至关重要的多个方面，如生活习惯的养成、个人卫生习惯的培养、生活自理技能的掌握、安全知识的教育以及自我保护能力的提升。这些能力的培养需根植于幼儿的日常生活，教师通过巧妙融入其一日生活的各个环节，实施灵活多样的健康教育活动，以自然、随机的方式引导幼儿形成良好的习惯和能力。

此外，针对幼儿的个体差异以及健康教育的关键领域与难点，教师应设计并实施具有针对性、系统性的学习计划和锻炼方案，旨在深化幼儿的理解并增强其相关能力。在此过程中，不可忽视家庭与幼儿园之间紧密合作，即家园共育的重要性。教师应采取多元化策略加强家园沟通，确保教育目标与方法在家园之间保持高度一致性和连续性，从而为幼儿营造一个稳定、连贯的成长环境，有效促进幼儿良好习惯的稳固形成和能力的持续提升。

精选案例

小班健康教育主题活动“远离脏手指的诱惑”

教师旨在引导小班幼儿认识到吮吸手指是一种不良习惯，需要加以纠正。

教师开场：“老师发现最近班里有几位小朋友特别喜欢和自己的小手指‘亲密接触’，大家有没有注意到这样的情况呢？”

幼儿们积极响应：“有！我们看见了，比如龙龙、涵涵和灿灿就经常这样做。”

教师顺势引导：“哦，原来有这么多小朋友都注意到了。那我们现在来讨论一下，你们觉得吮吸手指是个好习惯吗?”

幼儿们异口同声:“不是,不能吃手指!”

教师继续问道:“那么,谁能告诉老师,为什么不能吃手指呢?”

幼儿甲率先回答:“因为手会碰到很多脏东西,所以很脏。”

幼儿乙补充道:“对,手经常碰到别人碰过的东西,可能会带上病菌。”

幼儿丙分享道:“我妈妈说,手指上有很多肉眼看不见的小细菌,吃了会生病的。”

幼儿丁也加入讨论:“而且,手还经常拿玩具、摸东西,上面都有细菌,会黏到手指上的。”

……

教师总结:“小朋友们说得真是太棒了!原来手指上真的藏着这么多不干净的东西。那么,为了我们的健康,我们还能不能再吃手指了呢?”

幼儿们坚定地回答:“不能!”通过这样的互动,幼儿们不仅认识到了吮吸手指的危害,还增强了自我保护意识。

通过这样的互动,幼儿们不仅认识到了吮吸手指的危害,还增强了自我保护的意识。

【案例分析】

吮吸手指是小班学前儿童较为常见的行为习惯。教师通过有效的提问和与学前儿童进行讨论,使学前儿童初步感知到吮吸手指是一种不卫生也不健康的行为,是一种坏习惯。此活动符合小班学前儿童的认知水平。

课堂练习

制定大班上学期健康教育活动内容

________学年度上学期健康教育活动内容

幼儿班级:大班　学生姓名:

时间	活动内容
9 月	
10 月	
11 月	
12 月	

综合实训

【活动名称】学前儿童健康教育活动设计

【活动目的】

(1)理解并掌握学前儿童健康教育活动的设计步骤。

(2)能够将学前儿童健康教育活动的实施原则和方法合理运用到活动设计中。

（3）能够理论联系实际，积极将所学知识运用到实践中。

【活动过程】

（1）将全班学生分为五个小组，每组成员协作完成一份学前儿童健康教育活动的设计方案。

（2）活动方案应包括针对的班级（或年龄段）、活动目标、活动准备、活动过程、活动延伸（或活动总结）等。

（3）各组活动方案设计完成后，每组选派一名成员对本组设计的方案进行讲解。讲解应从活动目标、活动实施方法及活动过程等方面进行。

（4）每组讲解完毕后，其他小组进行讨论，为讲解小组指出不足，并提出修改建议。

（5）教师根据活动方案设计情况和讲解情况给各组评估打分，见表 3－2 所列。

表 3－2　活动评分标准

序号	评分标准	分数	得分
1	教学目标明确、具体	10	
2	符合学前儿童的身心发展规律	10	
3	突出学前儿童的主体性	10	
4	活动适合学前儿童的层次，操作性强	10	
5	活动导入自然、流畅	10	
6	注重培养学前儿童的能力	10	
7	详略得当，重点突出，难点分散	10	
8	层次清楚，逻辑性强	10	
9	语言生动流畅，表达准确规范，有感染力	10	
10	能有效地驾驭课堂	10	
综合评语		总分	

案例导入

早餐后，小朋友们愉快地玩着游戏。突然，强强跑到老师面前说：“老师，莉莉说你是臭老师。”其他小朋友都围过来，纷纷说听见了。再看莉莉，轻轻咬着手指，低着头，一言不发。

请思考

如何看待幼儿的上述行为？如果你是这位老师，会如何对待莉莉呢？让我们带着这些问题，展开本章的学习吧。

第二节 语言领域教学活动实践指导

一、学前儿童语言教育的年龄阶段目标

学前儿童语言教育的年龄阶段目标是语言教育总目标在不同年龄阶段的具体分解与落实，体现的是各个特定教育阶段应达到的阶段性成果。

在语言领域，《3～6 岁儿童学习与发展指南》从“倾听与表达”和“阅读与书写准备”两个方面，分别对 3～4 岁、4～5 岁、5～6 岁三个年龄段的学前儿童语言发展水平提出了合理期望，指明了其学习与发展的具体方向。

（一）倾听与表达

《3～6 岁儿童学习与发展指南》中有关学前儿童在“倾听与表达”方面的目标规定见表 3－3 至表 3－5 所列。

表 3－3 认真听并能听懂常用语言

3～4 岁	4～5 岁	5～6 岁
（1）别人对自己说话时，能注意听并做出回应。 （2）能听懂日常会话	（1）在群体中，能有意识地听与自己有关的信息。 （2）能结合情境，感受不同语气、语调所表达的不同含义。 （3）方言地区和少数民族的学前儿童能基本听懂普通话	（1）在集体中能注意听教师或其他人讲话。 （2）听不懂或有疑问时能主动提问。 （3）能结合情境理解一些表示因果、假设等相对复杂的句子

表 3－4 愿意讲话并能清楚地表达

3～4 岁	4～5 岁	5～6 岁
（1）愿意在熟悉的人面前说话，能大方地与人打招呼。 （2）基本会说本民族或本地区的语言。 （3）愿意表达自己的需要和想法，必要时能配以手势动作。 （4）能口齿清楚地说儿歌童谣或复述简短的故事	（1）愿意与他人交谈，喜欢谈论自己感兴趣的话题。 （2）会说本民族或本地区的语言，基本能说普通话；少数民族聚居地区的学前儿童能使用普通话进行日常交流。 （3）能基本完整地讲述自己的所见所闻和经历的事情。 （4）讲述比较连贯	（1）愿意与他人讨论问题，敢在众人面前说话。 （2）会说本民族或本地区的语言及普通话，发音正确清晰；少数民族聚居地区的学前儿童应基本掌握普通话。 （3）能有序、连贯、清楚地讲述一件事情。 （4）讲述时能使用常见的形容词、同义词等，语言生动

表 3-5 具有文明的语言习惯

3～4 岁	4～5 岁	5～6 岁
(1) 与别人讲话时眼睛要看着对方。 (2) 说话自然，声音大小适中。 (3) 能在成人的提醒下使用恰当的礼貌用语	(1) 别人对自己讲话时能回应。 (2) 能根据场合调节自己说话声音的大小。 (3) 能主动使用礼貌用语，不说脏话、粗话	(1) 别人讲话时能积极主动地回应。 (2) 能根据谈话对象和需要调整说话的语气。 (3) 懂得按次序轮流讲话，不随意打断别人。 (4) 能依据所处情境使用恰当的语言，如在别人难过时会用适当的语言表示安慰

(二) 阅读与书写准备

《3～6 岁儿童学习与发展指南》中有关学前儿童在“阅读与书写准备”方面的目标规定见表 3-6 至表 3-8 所列。

表 3-6 喜欢听故事，看图书

3～4 岁	4～5 岁	5～6 岁
(1) 主动要求成人讲故事、读图书。 (2) 喜欢跟读韵律感强的儿歌、童谣。 (3) 爱护图书，不乱撕、乱扔	(1) 反复看自己喜欢的图书。 (2) 喜欢把听过的故事或看过的图书讲给别人听。 (3) 对生活中常见的标识、符号感兴趣，知道它们表示一定的意义	(1) 专注地阅读图书。 (2) 喜欢与他人一起谈论图书和故事的有关内容。 (3) 对图书和生活情境中的文字符号感兴趣，知道文字表示一定的意义

表 3-7 具有初步的阅读理解能力

3～4 岁	4～5 岁	5～6 岁
(1) 能听懂短小的儿歌或故事。 (2) 会看画面，能根据画面说出图中有什么，发生了什么事等。 (3) 能理解图书上的文字是和画面对应的，是用来表达画面意义的	(1) 能大体讲述所听故事的主要内容。 (2) 能根据连续画面提供的信息，大致说出故事的情节。 (3) 能够随着作品的展开产生喜悦、担忧等相应的情绪反应，体会作品所传达的情感、情绪	(1) 能说出所阅读的学前儿童文学作品的主要内容。 (2) 能根据故事的部分情节或画面的线索推测情节的发展，或续编、创编故事。 (3) 能对看过的图书、听过的故事说出自己的看法。 (4) 能初步感受文学语言的美

表 3－8　具有书面表达的愿望和初步技能

3～4 岁	4～5 岁	5～6 岁
喜欢用涂涂画画表达一定的意思	（1）愿意用图画和符号表达自己的愿望和想法。 （2）在成人提醒下，写画时姿势正确	（1）愿意用图画和符号表现事物或故事。 （2）会正确书写自己的名字。 （3）写画时姿势正确

课堂互动

中班角色游戏《呢呢小吃店》

有人认为学前阶段的语言教育就是教学前儿童学说话。你赞同这一观点吗？为什么？请你结合自己的理解谈一谈。

二、学前儿童语言教育的方法

学前儿童语言教育的方法是依据学前儿童语言发展理论和规律，结合学前儿童语言教育目标及长期实践经验归纳出来的。其主要包括示范模仿法、游戏法、表演法、练习法以及“视、听、讲、做”结合法共五种。

（一）示范模仿法

示范模仿法是指教师通过规范的语言为学前儿童提供语言模仿的范例，使其在真实的语境中自然习得语言并发展语言能力的一种语言教育方法。在教育活动中，可以由教师亲自示范，也可以由语言能力发展较好的学前儿童进行示范，甚至可以通过视频或音频材料进行示范。

（二）游戏法

游戏法是指教师利用有规则的游戏帮助学前儿童练习发音、丰富词汇、理解句型、掌握描述技能和早期阅读技能的一种语言教育方法。游戏是学前儿童的主导活动，也是其学习语言的重要途径之一。爱玩游戏是学前儿童的天性，游戏法教学是学前儿童语言教育的显著特点，既能激发学前儿童参与语言互动的热情，又能培养其语言学习的兴趣。

（三）表演法

表演法是指教师指导学前儿童扮演文学作品中的人物，通过对话、动作、表情等再现文学作品的情节，以加深儿童对文学作品内容的理解，并提高其语言表现力和创造力的一种语言教育方法。

（四）练习法

练习法是指教师有意识地引导学前儿童在语言活动中反复练习同一语言要素（如语

音、词汇、句子等），或反复训练其某方面的语言技能的一种语言教育方法。学前儿童的语言练习主要以口头语言为主，着重培养其语言运用能力。采用练习法可以帮助学前儿童及时巩固所学的语言知识，熟练掌握语言技能。

（五）“视、听、讲、做”结合法

“视、听、讲、做”结合法是教师综合运用视、听、讲、做四种手段开展语言教育活动的一种语言教育方法。“视”是指教师为学前儿童提供具体的讲述对象（如实物、动画和图书等），并引导其进行观察；“听”是指教师通过语言描述、启发、暗示、示范等方式，帮助学前儿童进行感知和领会；“讲”是指教师引导学前儿童在感知和理解的基础上进行自我表述；“做”是指教师为学前儿童提供一定的想象空间，使其在参与活动时充分构思，进而组织起更为丰富、完整、连贯且富有创造性的语言进行表述。

课堂练习

制定中班上学期语言教育活动目标

________学年度上学期语言教育活动目标

幼儿班级：中班　学生姓名：

时间	活动内容
9 月	
10 月	
11 月	
12 月	

综合实训

【活动名称】幼儿园（中班）语言活动

【活动要求】

以小组为单位，在幼儿园开放日开展一次幼儿园（中班）课堂观摩活动，并对教师的语言活动课进行评价。

【活动过程】

（1）3～4 人一个小组。

（2）分工合作（如 1～2 人做观摩记录，1 人整理观摩结果，共同对教师的语言活动课进行评价），有序开展幼儿园（中班）课堂观摩活动，见表 3 - 9 所列。

（3）对教师的语言活动课进行评价。

表 3-9　幼儿园（中班）课堂观摩活动评分标准

序号	评分标准	分数	得分
1	能撰写活动过程完整、重点突出的观摩记录	20	
2	对所观摩的课堂活动评价合理，能指出优点和不足	30	
3	对课堂活动中的不足之处能提出有效的改进方法	30	
4	小组成员积极参与，分工合理	20	
评价与反思			

案例导入

某幼儿园精心策划了一场针对大班幼儿的实地教育活动，带领他们参观地震科普馆。在参观的过程中，孩子们都聚精会神地聆听着讲解员细致入微的讲解。这不仅让他们收获了丰富的安全知识，还显著增强了他们的自我防护与安全意识。活动接近尾声时，小朋友们难掩兴奋之情，纷纷与身旁的伙伴和老师分享起自己的见闻与感受。果果率先发言，强调说："当地震突袭时，切记不可慌乱奔跑。"暖暖则自豪地表示："我学会了地震应急技巧，要捂住耳朵，迅速躲到桌子下面，这样我就不再惧怕地震了。"跃跃补充道："遇到地震时，我们应避免使用电梯，以免被困其中。"而耕耕则用沉稳的口吻提醒大家："地震发生时，保持冷静至关重要，要寻找安全的避难场所，等待救援。"

回到温馨的幼儿园，老师们进一步激发了孩子们的创造力，引导他们将新学到的安全知识转化为生动有趣的安全宣传海报。随后，幼儿园成功举办了一次别开生面的"安全宣传日"活动。孩子们亲手制作的海报成为活动亮点，他们化身小小安全宣传员，向家长们传递重要的安全信息，共同编织了一张守护幼儿安全的爱心网。

请思考：

结合案例请谈一谈你对学前儿童社会教育的理解，并根据自己的理解说一说对学前儿童进行社会教育应从哪些方面入手。

第三节　社会领域教学活动实践指导

一、学前儿童社会教育的总目标

学前儿童社会教育的总目标是社会教育所期望达到的最终结果，是学前阶段社会教育任务与要求的综合体现，是对学前儿童社会教育目标最为概括的表述，也是制定其他层次目标的依据和基础。学前儿童社会教育的总目标全面涵盖了学前儿童的知识、技能、情感与态度，具有规范性、共同性、学习结果导向、可分析性与可扩充性等特点。

2012 年 10 月，教育部颁布了《3～6 岁儿童学习与发展指南》，将学前儿童社会教育应达到的最基本、最重要的要求进一步明确为两个方面、七类小目标，见表 3－10 所列。

表 3－10 学前儿童社会教育目标

子领域	小目标	实施途径
人际交往	愿意与人交往	(1) 主动亲近和关心幼儿，经常与他们一起进行游戏或活动，让幼儿感受到与成人交往的快乐，建立亲密的亲子关系和师生关系。 (2) 创造交往的机会，让幼儿体会交往的乐趣
	能与同伴友好相处	(1) 结合具体情境，指导幼儿学习交往的基本规则和技能。 (2) 结合具体情境，引导幼儿换位思考，学会理解别人。 (3) 与幼儿一起聊聊他的好朋友，说说喜欢这个朋友的原因，引导他多发现同伴的优点和长处
	具有自尊、自信和自主的表现	(1) 关注幼儿的感受，保护其自尊心与自信心。 (2) 鼓励幼儿自主决策、独立完成任务，增强其自尊心与自信心
	关心、尊重他人	(1) 成人以身作则，以尊重、关心的态度对待自己的长辈和其他人。 (2) 引导幼儿尊重他人的劳动及劳动成果。 (3) 引导幼儿学习用平等、接纳和尊重的态度对待差异
社会适应	喜欢并适应群体生活	(1) 带领大班幼儿参观小学，介绍小学有趣的活动，激发他们对小学生活的好奇与向往，为他们入学做好心理准备。 (2) 幼儿园组织活动时，可以经常打破班级的界限，让幼儿有更多机会参加不同群体的活动。 (3) 经常和幼儿一起参加一些群体性的活动，让幼儿体会群体活动的乐趣
	遵守基本的行为规范	(1) 成人要遵守社会行为规则，为幼儿树立良好的榜样。 (2) 结合社会生活实际，帮助幼儿了解基本行为规则或其他游戏规则，体会规则的重要性，学会自觉遵守规则。 (3) 教育幼儿要诚实守信
	具有初步的归属感	(1) 亲切对待幼儿，关心幼儿，使其感受到长辈是可亲、可近、可信赖的，家庭和幼儿园是温暖的。 (2) 吸引和鼓励幼儿参加集体活动，萌发集体意识。 (3) 运用幼儿喜闻乐见且能够理解的方式激发幼儿爱家乡、爱祖国的情感

课堂互动

学前儿童社会教育目标只能通过社会教育活动实现吗？谈一谈你的看法。

【案例分析】

大班——交通规则要遵守

教师：（出示红绿灯图片）小朋友们，看看这个是什么？谁知道？

幼儿：是红绿灯！

师：小朋友们真厉害，都认识这是什么。那我们要怎么看红绿灯，怎么过马路呢？

幼儿：要走斑马线。

教师：是的。小朋友，我们在斑马线的路口总是会看到这样的红绿灯，它的里面画了一个小人，绿色是走路的小人，红色是站立的小人。小朋友猜一猜，这些小人代表什么意思呢？

……

教师：小朋友们说得都很对！红色的小人时，我们要等待变成绿色的小人才可以过马路。

分析：教师的提问能使幼儿了解基本的交通规则，知道哪些是马路上错误的行为，并能自觉遵守交通规则。

二、学前儿童社会教育的内容

2001 年，教育部颁发了《幼儿园教育指导纲要（试行）》（以下简称《纲要》），为开展学前儿童教育工作提供了依据。根据《纲要》中关于社会教育范畴的内容和要求，学前儿童社会教育的具体内容包括自我意识、情绪与情感、社会认知与社会适应、社会性行为、社会交往及多元文化六个方面。

（一）自我意识

自我意识作为一种关键的认知心理架构，负责协调并引导个体行为模式，涵盖自我觉察、自我调整与自我驾驭等维度。其积极正面的形态构成推动个人持续成长与进步的核心内驱力，对学前儿童塑造完善的人格、构建并深化认知体系具有至关重要的影响。在学前阶段，自我意识主要体现为儿童对自我身份、特性的理解与感知，诸如明确知晓个人姓名、性别，认识并正视自身的优劣势，同时勇于表达个人情感与见解，以及逐渐培养自主选择活动内容与形式的能力。

（二）情绪与情感

情绪与情感作为人类对外界事物的态度反映与内心体验，其社会化进程涵盖了从情绪的表达与调控到同情心、责任感乃至道德感的全面发展。在学前儿童的情感世界中，尤为关键的是情绪管理能力。这一能力体现在两个核心方面：首先，学前儿童需学会自我约束，即有效管理可能对自己或他人造成负面影响的情绪冲动，展现出良好的情绪自制力；

其次，他们还应具备积极调节情绪的能力，善于自我激励，努力维持乐观、愉悦的心理状态。这不仅促进个人内心的和谐，也为社交互动奠定了积极的基础。

（三）社会认知与社会适应

为了让学前儿童能够顺利融入社会并实现个人成长，使其掌握社会认知与社会适应的知识显得尤为重要。这些内容紧贴学前儿童的日常生活，具有极大的启蒙意义。

社会认知，即学前儿童对周围社会环境、既有规范及自身角色的理解与认识。这涵盖了从家庭、幼儿园到社区的多种环境，涉及对环境名称、具体空间位置、设施布局、人际网络及行为准则的全面了解。同时，培养学前儿童对社会规范的认知能力，重点在于公德意识、环保观念的树立，文明礼貌用语的使用，以及行为规范的遵守，旨在帮助其养成良好的日常行为习惯。此外，社会角色的认知引导学前儿童认识自己在社会群体中的定位及其应承担的责任。

社会适应能力是衡量学前儿童能否有效应对环境变化和满足社会期望的核心能力。它不仅是评估学前儿童心理健康的重要标准，也预示着其未来融入社会的能力与成功程度。

（四）社会性行为

在社会交往的广阔舞台上，个体展现出的行为模式深刻反映出其对人、事的态度与举止，这被统称为社会性行为。依据其背后的驱动力与目的，这些行为可细分为亲社会行为和消极社会行为两大类。

对于学前儿童而言，亲社会行为犹如一束温暖的光，照亮他们的成长之路。其具体表现为乐于助人、积极合作、慷慨分享与真挚安慰等正面互动。这些行为不仅促进了学前儿童之间的和谐共处，也为其未来的社会适应奠定了良好基础。

相对而言，消极社会行为犹如暗流涌动，可能阻碍学前儿童健康成长。其主要包括攻击性行为，如打人、言语侮辱、违反规则、撒谎以及破坏公物等不当举动。这些行为需引起家长和教育者的高度重视，及时引导与纠正，以促进学前儿童形成积极健康的社会行为模式。

（五）社会交往

社会交往简称“社交”，是社会交往的精练表述，涵盖了人与人之间错综复杂、相互交织的物质与精神层面的交流活动。针对学前儿童这一特定群体，其社交活动可细致划分为两大维度：一是与成人世界的互动，这主要聚焦于儿童与父母、教师等权威角色的交往，构成了他们学习社会规范和进行情感交流的重要基石；二是同龄人之间的亲密往来，学前儿童间的交往不仅促进了技能分享和情感共鸣，还为他们提供了实践社交技巧和建立初步人际关系的宝贵平台。这两方面相辅相成，共同构成了学前儿童丰富多彩的社会交往图景。

（六）多元文化

多元文化教育的架构主要由民族文化与世界文化两大支柱构成。就民族文化而言，学前儿童的教育应侧重于深化对我国基本国情的认知，包括国家名称、国旗的象征意义、国歌的激昂旋律，以及深入探索民族传统习俗、知名历史人物、自然风光和丰富的民间艺术瑰宝等。

转向世界文化的视野，学前教育的目标在于培养学前儿童对全球多样性的兴趣与尊重，鼓励他们跨越国界，去接触并理解不同国家、多元民族的独特文化、风俗习惯以及深厚的历史传统。这一教育过程旨在拓宽学前儿童的国际视野，提升其跨文化交流的能力，为他们成为具有全球意识的小公民奠定坚实基础。

课堂练习

制定中班上学期社会教育活动目标

________学年度上学期社会教育活动目标

幼儿班级：中班　学生姓名：

时间	活动内容
9 月	
10 月	
11 月	
12 月	

综合实训

【活动名称】社会教育活动

【活动过程】

（1）将学生分为每组 4～6 人，每组选择“社会适应”或“人际关系”中的一个主题，围绕如何设定活动目标及活动内容进行讨论。

（2）根据选择的主题和讨论结果，设计一次社会教育活动，写出完整的活动方案。

（3）根据表 3 - 11 所列对各组的活动方案进行评分。

（4）实践结束后，教师组织学生互相交流心得和体会。

表 3 - 11　幼儿园（中班）课堂观摩活动评分标准

评价指标	评价标准	小组评分	教师评分	实得分
活动目标	目标明确、具体（10 分）			
	难易适中，符合幼儿年龄特点、已有经验和发展需要（10 分）			
	能体现社会领域的活动特征（10 分）			
活动准备	材料充分、适用（10 分）			
活动过程	层次分明，环节清晰，张弛有度（20 分）			
	能充分考虑到幼儿个体差异，设置不同难度的活动任务（10 分）			
	幼儿活动的设计合理有效，利于进行师幼互动（10 分）			
	能运用多元化的教育方法和手段（10 分）			

（续表）

评价指标	评价标准	小组评分	教师评分	实得分
活动延伸	利于知识的融会贯通（10分）			
总分				

案例导入

有趣的磁铁

在幼儿园中班的科学区内，想想正专心致志地摆弄着一块黑色的小物件。他时而轻轻敲打，时而四处轻触，脸上洋溢着探索的喜悦。不久，这份好奇与乐趣如同磁石般吸引了周围众多小朋友的目光，他们纷纷围拢过来，一同好奇地探究这个能让某些物品神奇“依附”的奇妙之物。

这时，老师适时介入，揭晓了谜底——这是一块磁铁。随后，她精心准备了一系列物品，邀请孩子们亲手尝试，进一步探索磁铁的奥秘。在孩子们的积极参与下，一场关于磁铁特性的小实验悄然展开。

经过一番仔细的观察与实验，孩子们惊喜地发现，那些由铁制成的物品，如剪刀、钥匙、勺子乃至小小的发卡，都能轻易地被磁铁吸附，仿佛被无形的力量紧紧牵引；而塑料积木、弹力十足的皮球以及木质玩具等，则对磁铁的“邀请”无动于衷，保持了自身的独立与自由。

实验结束后，老师引导孩子们对实验结果进行整理和归纳。他们兴奋地得出结论：磁铁具有独特的吸引力，能够牢牢“捕获”铁制品，而对其他非铁质材料则没有影响。这一发现不仅加深了孩子们对磁铁性质的理解，还在他们心中种下了探索科学奥秘的种子。

从这个案例中，我们可以看出，幼儿科学就在我们身边，经常被幼儿接触到。

第四节　科学领域教学活动实践指导

一、学前儿童科学教育的特点

学前儿童科学教育植根于激发幼儿主动学习的核心理念，是一套精心设计的组织、实施策略及技能体系。该教育体系旨在通过鼓励幼儿自主探索，使他们在科学活动中成为学习的主导者，从而在这一过程中最大限度地实现个人成长与发展。此外，学前儿童科学教育不仅自成体系，还与其他幼儿园教育活动紧密相连，相互促进，为幼儿园整体教育环境奠定坚实的知识基础，提供丰富的素材与灵感源泉。

（一）启蒙性

学前儿童科学教育的启蒙性特质深深扎根于幼儿独特的年龄阶段特征之中。相较于成人科学的严谨与理性，幼儿的科学世界更多地闪耀着直觉与情感的光芒。由于处于具体形象性思维的阶段，幼儿对世界的认知往往停留在模糊且笼统的层面，主要获得的是关于周遭环境的经验性碎片。因此，学前儿童科学教育应精心选择那些简单易懂、富有启蒙意义的科学知识与经验作为教学内容的核心。为了实现这一目标，教育者需巧妙运用趣味盎然的游戏和动手操作活动，激发幼儿对科学的兴趣，让科学意识在孩子们心中悄然萌芽。尤为重要的是，学前儿童科学教育的启蒙过程本质上是对幼儿好奇心、认知兴趣及探究欲望的细心呵护与精心培育。这份对未知世界的好奇与渴望，正是驱动幼儿终身学习与发展不可或缺的内在动力。

（二）全面性

学前儿童科学教育的核心目标聚焦于自然科学领域，旨在通过丰富多彩的教育活动，引导幼儿逐步积累关于自然界及其规律的经验。然而，科学教育的深远意义远不止于此。它涵盖了学前儿童科学发展的多个维度，不仅促进幼儿对自然科学知识的吸收，还强调通过探索自然世界的过程，发展幼儿的综合能力，包括观察力、思考力和问题解决能力等，并激发他们对科学的热爱与尊重，培养良好的科学情感与态度。

学前阶段的科学教育如同一把钥匙，为孩子们打开通往知识宝库的大门。它不仅能点燃幼儿学习科学的热情，还为他们打下坚实的科学基础，包括基本的科学知识、实用的探究技能以及积极的科学价值观。这一过程对幼儿而言，是终身学习的宝贵起点，为他们未来在科学领域深入探索和取得成功奠定坚实基础。

（三）生活化

幼儿的科学学习之旅自然地始于他们在日常生活中频繁接触的各种事物。对于幼儿而言，科学并非遥不可及的理论，而是融入生活点滴的生动实践。他们通过与周围环境不断互动，触摸、观察、感受各种科学物体与现象，逐渐构建起对事物的基本认知和简单概念。这些宝贵的生活经验正是他们探索科学世界的坚实基石。

学前儿童科学教育的内容无一不植根于客观存在的现实世界，其中许多更是触手可及、直观可感的。这些环绕在幼儿身边的事物与现象，自然而然地成为他们探索与发现的绝佳素材。因此，学前儿童科学教育应当紧密结合幼儿的生活实际，将科学教育的理念与活动巧妙融入幼儿每日的吃、穿、住、行之中，使科学成为他们生活的一部分。

通过这种方式，幼儿不仅能够更加敏锐地察觉周围世界的美好与奇妙，还能在亲身体验中深刻理解科学的真谛及其对人类生活的深远影响。这样的科学教育，不仅能激发幼儿对科学的无穷好奇与热爱，还能为他们未来的学习与发展奠定坚实基础。

（四）探究性

在学前儿童的科学教育活动中，幼儿并非处于被动接受知识的状态，而是成为主动探索的主角。学前儿童的科学是寓于行动与探索之中的科学实践。对他们而言，科学并非高高在上的理论体系，而是通过亲手操作、亲身体验来理解和感知的奇妙旅程。

学前儿童科学教育的核心在于其探究性，这体现在每一个教育环节之中。在教师的引导下，幼儿通过直接动手操作，与物体产生互动，观察其变化，记录下每一个细微的现象和个人体验。他们描述所见所闻，尝试解释这些现象背后的原因，或基于自己的感性经验，逐步形成对科学的初步理解。这一过程实质上是幼儿与周围世界积极对话、主动构建自身认知框架的生动体现。

因此，学前儿童科学教育活动的设计应充分尊重并符合幼儿的探究天性，鼓励他们亲自参与观察、比较、操作、实验等一系列实践活动。通过这些活动，幼儿不仅能够积累丰富的科学经验，还能在过程中发现问题、提出假设、验证假设，并学会与他人分享和交流自己的发现。这样的教育过程，不仅能激发幼儿对科学的浓厚兴趣，还能够培养他们的观察力、思考能力、解决问题的能力以及团队合作精神，为他们的终身学习与发展奠定坚实的基础。

（五）合作性

幼儿科学探索的过程是一场与同伴携手并进的合作之旅，充满了思想的碰撞与交流的火花。当孩子们共同遇见如蚂蚁搬家这样的自然现象时，他们往往会兴奋地集结起来，组成一支探索小队，聚焦于这一有趣的现象。在这个团队中，每个孩子都是积极的参与者，他们不仅会提出各种奇思妙想和假设，还会主动承担收集资料、观察记录、设计实验等任务，分工明确且相互支持。

随着探索的深入，孩子们将轮流分享自己的发现与见解，相互质疑、彼此启发，共同理解科学现象。这种合作不仅加强了他们对科学知识的掌握，还促进了社交技能、沟通能力以及团队协作精神的发展。学前儿童科学教育深刻体现了合作性的精髓，它巧妙地搭建了一个平台，让孩子们在合作中学习，在交流中成长，满足了他们与同伴共同探索未知世界的愿望。同时，这一教育模式也为孩子们提供了宝贵的机会，使他们学会如何倾听他人、尊重差异、共同解决问题，为未来的学习和生活奠定坚实的基础。

（六）多样性

长期以来，学前儿童科学教育在一定程度上受到系统性框架的约束，致使集体教育活动成为主导模式。然而，《纲要》的出台给这一领域带来了新的视角，明确指出学前儿童的科学教育应当紧密围绕幼儿的实际生活展开，强调科学蕴含在幼儿日常的点滴之中。当幼儿与周围世界亲密接触时，其好奇心与探索欲自然萌发，不断产生新的疑问和发现。

《纲要》倡导学前儿童科学教育应采取更加灵活多样的形式，打破集体教育的单一模式。除了传统的集体教学活动，还可鼓励小组形式的操作实验，让幼儿在团队中分工合作，共同解决问题；同时，为幼儿提供个人探究的空间，让他们根据自己的兴趣和节奏进行深入探索。此外，区域活动作为幼儿自主学习的重要平台，也应成为科学教育的重要载体。幼儿可以在这里自由选择材料、设计实验、观察记录，完成一系列科学探究活动。这样的转变不仅符合幼儿的学习特点和发展规律，也能激发他们对科学的兴趣和热爱，促进他们在科学领域全面发展。

二、学前儿童科学教育目标制定的依据

制定学前儿童科学教育目标应从儿童身心的发展规律、自然学科的特点、学前儿童学科的特点及其发展规律以及社会发展的需要等方面入手。

（一）依据学前儿童身心的发展规律

发展心理学的研究成果深刻揭示了学前儿童认知活动中感知觉的核心地位。这一阶段的儿童主要通过个人的感官体验来构建对世界的认知。尽管儿童的思维活动有所发展，但在整个学前阶段，具体形象性思维仍占据主导地位。他们倾向于依赖事物的外在表现或具体形象来认识和理解世界，而非深入探究其内在本质或逻辑关系。

为了科学、合理地设定学前儿童科学教育的目标，我们要深入理解并尊重学前儿童身心发展的自然规律，密切关注他们成长的实际需求。通过观察学前儿童的行为表现，我们可以更加准确地评估其当前的发展水平和特点，进而描绘出学前儿童认知与能力发展的独特轨迹。

将这一实际评估结果与“最近发展区”理论相结合，即考虑学前儿童在成人或同伴的协助下可能达到的发展水平，以此为依据挖掘学前儿童潜在的发展空间与可能性。通过这样的对比分析与深入研究，我们能够更清晰地判断所制定的学前儿童科学教育目标是否既符合学前儿童当前的认知特点，又能够有效促进其向更高水平发展，从而确保教育目标的合理性与适宜性。

（二）依据自然学科的特点

在制定学前儿童科学教育目标的过程中，深入理解并把握自然科学的独特性质是至关重要的，因为这些特性为目标的设定提供了宝贵指导。自然科学作为一门系统性强、逻辑严密的学科，其知识体系架构严谨，为学前儿童提供了探索广阔物质世界的钥匙，极大拓宽了他们的视野。

此外，自然科学所蕴含的科学的方法更是不可或缺的教育资源。通过亲身体验科学探究的过程，学前儿童能够直观地感受到科学的魅力，并在实践中逐步掌握科学方法和技能。这种体验式学习模式，不仅有助于培养他们对科学的兴趣和热爱，还能为他们未来的学习和研究奠定坚实基础。

故而，在制定学前儿童科学教育目标时，我们应当紧密围绕自然科学的这些核心特点，深入挖掘学科知识本身所具备的独特教育价值，同时关注其能够发挥的普遍性教育功能。这样，我们才能确保所制定的目标既符合学前儿童的认知发展规律，又能有效促进他们在科学领域全面发展。

（三）依据学前儿童学科的特点及其发展规律

在学前儿童的科学学习过程中，我们不仅应聚焦于科学知识的积累，还要深刻关注学前儿童学习科学的历程本身，强调在这一过程中习得的科学方法与技能，以及科学精神与态度的培养。学前儿童科学教育的目标设定必须紧密结合其当前的发展阶段与需求，旨在促进其全面发展。学前儿童对科学的兴趣与理解随着其生理、心理、情感及认知能力的逐

步成熟而动态变化。

随着学前儿童年龄的增长，他们所能掌握的科学知识日益丰富，运用科学方法的能力也逐步增强。鉴于不同年龄段学前儿童在科学学习上的独特性与差异性，我们制定的科学教育目标应当具备灵活性和针对性，避免一刀切的做法。这意味着，我们不仅要设定明确的知识传授目标，还需关注学前儿童在科学学习过程中的情感体验与个性品质的培养，如好奇心、探索欲、批判性思维等。只有这样，学前儿童的科学教育才能真正实现预期效果，不仅促进学前儿童科学知识的增长，还在深层次上激发他们对科学的热爱与追求，为其未来的学习与生活奠定坚实的基础。

（四）依据社会发展的需要

在当今信息化时代，知识快速增长并持续更新，极大地激发了社会各界对学习科学技术的热情。在此背景下，儿童科学教育必须紧扣社会需求脉搏，以时代进步潮流为导向，确立既前瞻又务实的教育目标。这意味着我们的教育应当面向全体学前儿童，旨在培养他们对科学技术的基本认知能力和浓厚兴趣，塑造他们积极、正面的科技观。

学前儿童科学教育的核心任务之一是引导孩子们将目光投向广阔的自然界和复杂多变的社会，关注人与自然之间微妙而重要的和谐关系。通过丰富多彩的教育活动，我们应激发孩子们对自然的敬畏之心和对社会问题的关注之情，初步培养他们维护生态平衡、促进可持续发展的责任感。这样的教育不仅能为孩子们的科学素养打下坚实基础，还能在他们幼小的心灵中种下关爱环境、关心社会的种子，为其全面发展与未来成长铺设坚实的道路。

模拟实训

请结合学前儿童科学教育目标制定的依据，分别制定大、中、小班的科学教育活动目标。

____

____

____

课堂练习

设计一个认识苹果的活动目标，并进行分析。

幼儿班级：小班　学生姓名：

活动班级	小班	活动名称	认识香蕉
活动目标	认知目标		
	情感目标		
	动作技能		
分析			

三、学前儿童科学教育内容的选编原则

从总体上看，学前儿童科学教育内容的选编必须依据科学教育的目标来进行，全面贯

彻学前阶段科学教育的任务。另外，学前儿童科学教育内容大多与季节和气候有关，但我国地域辽阔，许多内容与地域有着不可分割的关系，这对学前儿童科学教育内容的选编有一定的限制。在选择具体教育内容时，要遵循以下几个方面的原则。

（一）科学性和启蒙性

学前儿童科学教育内容的构建，首要原则是确保严格遵循科学原理。在内容选编过程中，应秉持整体观，深入自然界的核心，依据自然界的客观规律，对学前儿童日常生活中遇到的自然现象给予准确、科学的阐释。科学是一个不断探索、创新和预见未来的领域，因此，学前儿童科学教育的“科学性”意味着其内容必须扎根于科学原理，不偏离科学事实，确保儿童接触到的每一个知识点都是经过验证且可靠无误的。为此，教师应精心挑选那些既能被学前儿童感知，又已得到科学界广泛认可的材料，作为科学教育的核心内容。

同时，学前儿童科学教育作为科学启蒙的摇篮，其“启蒙性”特质同样不容忽视。启蒙教育意味着教育内容需浅显易懂，紧贴学前儿童的知识储备与认知水平，使他们在教师的引导下，通过适度的努力便能理解并接受新知识。这一原则强调了教育内容的适宜性与可实现性，是选择学前儿童科学教育内容时必须遵循的规律。

值得注意的是，科学性与启蒙性并非相互排斥，而是相辅相成、相得益彰的。学前儿童科学教育的目标在于科学启蒙，但这并不意味着教育内容必须局限于简单、浅显的层面。相反，它鼓励学前儿童在教师的指导下，通过一定的自我挑战与努力，逐步探索科学奥秘，体验科学发现的乐趣。因此，将科学性与启蒙性有机融合，既确保了教育内容的科学准确性，又兼顾了学前儿童的认知特点与学习需求，这是实现科学启蒙教育目标的关键所在。

（二）系统性和整体性

系统性原则在学前儿童科学教育内容编排中占据核心地位。它要求内容设计遵循由近及远、由易到难、由具体到抽象、由已知到未知的认知进阶规律。鉴于学前儿童独特的认知特点，虽不必完全依照复杂的自然科学体系来系统传授科学知识，但在编撰内容时，必须充分考虑自然界的客观规律、人类认知的自然过程，以及儿童思维发展的阶段性特征，以确保教育内容的系统性得以体现。

系统性应体现在不同年龄段（如小班、中班、大班）之间，随着学前儿童认知能力的提升，教育内容在广度和深度上逐步增加。同时，整体性也是不可忽视的重要方面，它强调在选编科学教育内容时，应全面覆盖科学的多个维度，实现内容的丰富与完整。例如，在围绕“小狗”这一主题开展教学时，除了介绍基本的外观特征，还应融入小狗的生活习性、食物偏好以及与人类的关系等多方面的信息，以构建一个立体、丰富的知识体系。

在追求系统性与整体性的过程中，还需注重跨学科内容的融合与衔接，确保科学教育与其他领域教育（如语言、艺术、社会等）之间的内容一致性与互补性，避免内容孤立与割裂。对于易整合的主题，可以设计综合性主题活动予以实施；而对于难以直接关联的内容，则可在分科教学中灵活运用，通过多样化的教学手段促进学前儿童对科学知识的全面理解与掌握。

（三）广泛性和代表性

广泛性在学前儿童科学教育内容的选编中至关重要。它强调内容应广泛覆盖多个领域，如物理、化学、动植物学及自然现象等，以丰富多样的科学素材激发幼儿的好奇心和探索欲。儿童生活的世界本就五彩斑斓，充满未知。因此，教育内容的选择应全面而均衡，既要涵盖多个方面，又要确保各部分内容之间的平衡，避免单一领域的过度偏重，从而让幼儿在多元化的科学体验中获得全面成长。

与此同时，代表性也是不可忽视的选编原则。它要求所选内容能够准确地反映某一科学领域的基本知识结构，成为该领域的典型代表。在学前儿童学习的过程中，某些科学知识点可能会在不同领域重复出现，展现出跨学科的共通性。因此，在选编时，我们应注重在同一领域内选择最具代表性的内容，确保它们能够有效地传递该领域的核心知识与概念。

广泛性和代表性作为科学内容选编的两个相辅相成的方面，二者之间存在着紧密的联系。广泛的教育内容往往能够涵盖多个具有代表性的知识点，而这些具有代表性的知识点又共同构建了一个既广泛又深入、复杂而多样的科学知识体系。这样的体系不仅能够满足幼儿对科学世界的好奇心和探索欲，还能够为他们提供全面、系统的科学知识基础。

（四）地域性和季节性

我国幅员辽阔，跨越寒带、温带与热带。这一地理特征赋予了我国复杂多变的自然条件，以及各地显著的自然资源差异。从南至北，从城市到乡村，从山区到海岛，每一处都承载着独特的风土人情、人文历史以及科学技术发展的轨迹。因此，在选编学前儿童科学教育内容时，必须充分考虑并融入这些地域特色，因地制宜、因时制宜地选择具有鲜明地方性和时代感的内容，以丰富教学活动，贴近儿童的实际生活体验。

同时，季节性也是选编科学教育内容时不可忽视的重要因素。随着季节的更替，自然界展现出不同的风貌，特别是在四季分明的北方地区，动植物的生长变化与季节紧密相关。遵循季节性原则，不仅能够帮助学前儿童更深入地理解季节的概念，还能引导他们建立事物变化与季节之间的内在联系，从而增强对自然界奥秘的探索欲望和认知能力。

值得注意的是，季节的变化往往伴随着地域特色的凸显。比如，北方的冬季银装素裹，孩子们可以亲身体验雪的美丽与寒冷；而南方的孩子则可能仅通过间接的方式了解这一景象。这就要求我们在选编科学内容时，既要尊重地域差异，又要灵活运用多种教学手段，如通过视频、图片等媒介，为不同地区的儿童提供丰富、直观的学习资源，确保他们能够结合自身的生活环境和经验，获得最合适的科学教育。

（五）时代性与民族性

时代性原则强调学前儿童科学教育内容的选定需紧密跟随时代发展步伐和科学技术的进步。在当今这个信息爆炸、科技飞速发展的时代，学前儿童身处其中，无时无刻不感受到科技对日常生活的深远影响。因此，科学教育内容的时代性应紧密结合当代社会对人才素质的新要求，选择那些既体现时代特征又贴近学前儿童生活实际的素材，如高架桥、高速铁路、计算机技术、现代通信工具等，使学前儿童能够在学习过程中直观感受到科技进步的力量。

民族性亦是学前儿童科学教育内容中不可或缺的一部分。这要求我们在传承和弘扬中华民族悠久的科学文化的同时，帮助学前儿童深刻认识我国古代发明创造的辉煌成就，如指南针、活字印刷术等。这些伟大的发明不仅推动了世界科技文明的发展，也是中华民族智慧的结晶。通过科学教育，让学前儿童了解并热爱本民族文化，对于培养他们的科学兴趣、民族自豪感以及热爱科学的态度具有深远意义。

在实际教学中，教师可以巧妙地将时代性与民族性相结合，根据当地特色和物产资源，选取具有代表性的内容进行讲授。例如，通过介绍大熊猫这一珍稀动物，展现我国生物多样性的魅力；讲述丝绸、茶叶等中华瑰宝的历史与制作工艺，让学前儿童在亲身体验和感受中深刻理解中华民族文化的博大精深。这样的教学方式，不仅能够丰富科学教育的内容，还能激发学前儿童对本土文化的热爱和探索欲望。

直通国考

学前儿童科学教育内容的选编原则是什么（学前儿童科学教育内容选择的要求是什么）？

课堂练习

制定小班上学期科学教育活动内容

________学年度上学期科学教育活动内容

幼儿班级：小班　学生姓名：

时间	活动内容
9 月	
10 月	
11 月	
12 月	

实训一

项目名称：学习如何制定学前儿童科学教育的目标

【学习目标】

（1）掌握制定学前儿童科学教育目标的原则。

（2）能够理解科学领域教育的总目标。

（3）能够运用《3～6 岁儿童学习与发展指南》制定教育目标。

【学习内容】

任选一个年龄段，制定一学期的科学活动目标。

实训二

项目名称：学习根据课程模式选编科学教育内容

【学习目标】

（1）掌握学前儿童科学教育内容选编的原则。

（2）能够根据课程模式选编科学教育内容。

（3）能够根据《3～6岁儿童学习与发展指南》具体化科学教育目标。

【学习内容】

任选班级，制定科学教学活动内容。

第四章　幼儿行为观察与实践指导

学习目标

知识目标

● 掌握幼儿行为观察记录的基本结构与运用的一般要求。

● 掌握时间抽样和事件抽样方法的基本要求，能够运用上述方法对幼儿行为进行观察和记录。

技能目标

● 能够运用教育日记法和轶事记录法记录幼儿的一般发展情况。

● 能够运用行为检核法表和等级评定量表对幼儿行为进行观察记录。

● 能够运用各种方法对幼儿发展的各个领域进行初步观察，如动作发展、行为习惯、认知与语言发展、情绪情感发展、个性与社会性发展等。

● 能够对建构游戏、表演游戏、角色游戏等进行观察与评价。

情感目标

● 初步具备评价幼儿发展的素养。

● 具备科学的幼儿评价观、教育观。

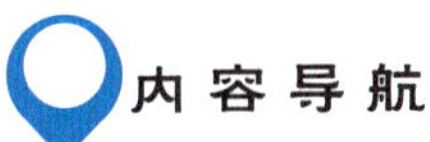

内容导航

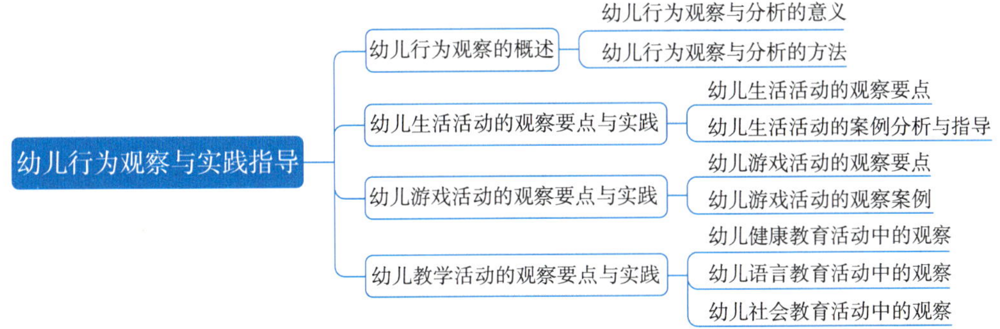

案例导入

俊豪是中一班的一名幼儿，身体发育和认知能力都很正常，但他总是打人、抓人，这让老师很头痛。老师让实习生李冰去重点关注他。经过一周的观察和记录，李冰发现俊豪的打人行为是有一定规律的。俊豪在打人前通常与其他幼儿发生过语言冲突，但由于他不善于用语言表达自己的感受，于是开始动手打人。老师在与家长的后续沟通中，针对俊豪的情况，强调了家庭语言教育的重要性。

【案例分析】

教师的教育教学过程同样是一个不断研究教育对象、教育过程和教育行为的过程。幼儿园教师应运用规范的方法，有目的、有计划地观察和记录幼儿在日常生活、游戏、学习和劳动中的表现，分析幼儿发展的年龄特征和个体差异，使自己在工作中更加得心应手。

第一节　幼儿行为观察概述

一、幼儿行为观察与分析的意义

学前儿童行为观察与分析是幼儿教师的专业核心能力之一。幼儿园教育的前提是充分了解和掌握幼儿的年龄特征、发展水平及个性差异，从而在教育过程中给予幼儿针对性的指导。幼儿行为观察与分析的意义如下：

第一，洞悉幼儿全面发展的密钥。幼儿行为观察与分析如同一把钥匙，能够打开通往幼儿内心世界的大门。它帮助教师全面而深入地了解幼儿在身体运动、认知发展、语言表达、情绪情感以及社会性等多个领域的发展状况。通过观察，教师可以捕捉到幼儿在日常生活中的点滴细节，例如他们的游戏习惯、学习风格、兴趣偏好以及心理需求等，从而为每个幼儿量身定制适宜的教育方案。

第二，引领精准教育的灯塔。在幼儿教育的航程中，幼儿行为观察与分析如同一座灯塔，为教师指引方向。它使教师能够基于对幼儿兴趣、需求及能力水平的深刻理解，开展更为精准、有效的教育活动。这些活动不仅符合幼儿的身心发展规律，还能激发其学习热情，促进其在各个领域全面发展。

第三，教师专业成长的阶梯。幼儿行为观察与分析不仅是教育实践的工具，也是教师专业成长的重要阶梯。通过掌握规范的观察与记录方法，教师能够系统地收集和分析有关幼儿发展的数据，进而形成对教育实践的深刻反思。这一过程不仅提升了教师的专业素养和研究能力，还为其提供了持续学习和自我完善的动力。同时，观察与分析的结果也为教师之间的经验交流和学术研讨提供了宝贵素材，促进了整个幼教行业的进步。

二、幼儿行为观察与分析的方法

（一）非正式的描述方法：教育日记法和轶事记录法

非正式的描述方法不需要事先计划，也无须明确观察的目的和目标，有时甚至不需要事先将观察过程写清楚以便得出观察结论、评价和建议。非正式的描述方法一般分为教育日记法和轶事记录法。

1. 教育日记法

教育日记法是一种个性化的教学随笔记录方式，旨在帮助教师或教育工作者记录日常教学过程中的观察、感悟、反思以及与学生互动的故事。它不拘泥于固定形式和内容，可以记录教学环节的亮点或不足，分析学生行为背后的原因，总结教学经验，并作为个人专业成长的珍贵资料。通过教育日记法，教师能够不断提升自身的教学能力与专业素养，也为教育研究提供丰富的实践案例。

【案例链接】

教育日记一则

今天上午的户外活动时间，我带领小班的孩子们在操场上自由玩耍。阳光透过树叶的缝隙，洒在孩子们的笑脸上，显得格外生动。

小明是一个平时略显内向的小男孩，今天却显得格外兴奋。他拿起彩色皮球，先独自玩了一会儿。随后，他鼓起勇气，轻轻拍了拍正在用积木搭建城堡的小红，用稚嫩的声音问道："我们可以一起玩球吗？"小红抬起头，愣了一下，随即露出惊喜的笑容，欣然接受了邀请。

这一幕让我倍感欣慰。小明平时不太擅长主动与人交往，但今天他勇敢地迈出了第一步，不仅找到了游戏的乐趣，还收获了友谊。我悄悄地在旁边观察，只见他们两人配合默契，轮流踢球、接球，不时发出银铃般的笑声。

在随后的游戏分享环节，我特意表扬了小明，鼓励他继续勇敢地表达自己的想法和需求。小明的脸颊因害羞而微微泛红，但眼中闪烁着自信的光芒。

2. 轶事记录法

轶事记录法作为一种观察和记录幼儿成长轨迹的细致方法，专注于捕捉幼儿生命中的重要瞬间——从成长的关键里程碑（例如，六个月大时初次独立坐起），到日常行为中的亮点（如同伴间的温情互助，比如幼儿主动关心并照顾摔倒的小伙伴），乃至偶尔发生的具有教育意义的小插曲（例如，为了赢得表扬而初次尝试小谎言）。该方法始于对幼儿行为发生具体情境的详尽描绘，进而即时捕捉幼儿的典型或非寻常行为，力求描述准确、具体，力图通过文字生动再现当时的场景与情感。最终，在此基础上进行自然的、基于事实的合理推论或解释，旨在深入理解幼儿行为背后的动机、情绪发展及成长需求。

【案例链接】

轶事记录一则

今天下午，在区域活动时间里，我观察到一幅温馨而有趣的画面。小明和小华同时选择了“小小建筑师”区域，他们的桌上摆满了五颜六色的积木和塑料砖块。一开始，两人各自忙着搭建自己的城堡，偶尔抬头看看对方的作品，眼神中充满了好奇与竞争。

随着时间的推移，小明的城堡渐渐成形，但似乎缺少了些什么。他停下手，四处张望，最后目光落在了小华手中的一块长条形积木上。小华正用那块积木搭建桥的一部分，显得格外专注。小明犹豫了一下，还是鼓起勇气，轻轻走到小华身边，指着那块积木说：“小华，我可以借用你的这块积木吗？我的城堡需要一座桥来连接两岸。”

小华抬头看了看小明，又看了看手中的积木，似乎在权衡。几秒钟后，他微笑着把积木递过去，说：“好啊，你拿去用吧，不过记得还给我，我还要用它完成我的桥呢。”

小明高兴地接过积木，迅速将它融入自己的城堡中。不一会儿，一座雄伟的城堡连同精巧的桥梁便展现在大家面前。小明得意地拍了拍手，转身对小华说：“看，多棒！你的积木可是帮了大忙。”小华也站起来，两人一起欣赏着这合作完成的作品，脸上洋溢着满足与自豪的笑容。

（二）正式的描述方法：幼儿行为观察记录

幼儿行为观察记录是一种正式的描述方法，指教师在一段时间内（如一小时或半天，甚至更长的时间）持续不断地、尽可能详细地记录幼儿的行为表现，进而生成行为分析报告的一种方法。

1. 幼儿行为观察记录

一份完整的观察记录应包括观察目的、观察地点、观察时间、记录内容、分析评价和建议。

2. 幼儿行为观察记录的结构和要求与分析、建议

观察目的应当明确具体的观察领域和观察视角。观察目标应清晰、具体，不应含糊或笼统。可以从探究幼儿行为原因的角度来设计观察目标，也可参照幼儿发展领域的标准来设定观察目标。

在进行观察记录时，教师应做到客观、完整、条理清晰。在总结与分析部分，教师应结合幼儿的年龄和发展特点，提出有针对性的教育建议。

下面是一位幼儿园教师填写的表格式幼儿行为观察记录，见表 4－1 所列。

表 4－1　幼儿行为观察记录表实录

观察日期	2021 年 10 月 21 日		观察时间		起始时间：14:30 结束时间：14:58
幼儿姓名	小雨	幼儿年龄	4 岁	观察者	范多多
环境	幼儿园沙水区				

（续表）

观察目的	幼儿在与其他幼儿的互动中，主动交流并解决问题的能力
观察目标	幼儿与其他幼儿交流的具体方式
观察记录	活动开始后不久，小雨选择了一个靠近水源的沙池，开启了他的探索之旅。他先用手轻轻触摸沙子，感受其质地和温度，然后拿起铲子尝试挖沙。不一会儿，他便挖出了一个坑，兴奋地叫来旁边的小伙伴小杰一同观看。 接着，小雨拿起水桶，走到水龙头下接水。他小心翼翼地控制水流，生怕水溅出来。接满水后，他兴奋地跑回沙坑，将水缓缓倒入坑中，沙子逐渐被水浸湿，形成了一片小小的“湖泊”。 此时，小雨的眼神中闪烁着好奇与兴奋。他开始在“湖泊”周围堆砌沙子，试图建造一座小岛。他时而用铲子挖沙，时而用手塑造形状，还不时与小杰交流自己的想法。虽然过程中遇到了一些困难，比如沙子太湿容易坍塌，但小雨没有放弃，而是不断尝试和调整。 经过一段时间的努力，小雨终于完成了他的作品——一座由沙子和水构成的小岛，上面还点缀着几片用树叶制成的小树。他满意地看着自己的作品，脸上洋溢着自豪而喜悦的笑容
总结与分析	在此次沙水活动中，小雨展现出强烈的好奇心和探索欲。他能够主动选择活动区域，并全情投入地进行探索。在遇到困难时，他没有轻易放弃，而是不断尝试并调整方法，最终完成了自己的作品。 此外，小雨还展现了良好的社交能力。他能够主动邀请小伙伴一同观看他的作品，并与他们交流自己的想法。这种积极的社交互动不仅有助于他建立良好的同伴关系，还能够促进他的语言表达能力和思维发展。 综上所述，小雨在此次沙水活动中展现了多方面的能力和品质。作为教师，我们应继续鼓励并支持其探索行为，同时引导其进一步发展社交能力和创造力
评价或建议	

（三）取样观察方法：时间取样与事件取样

取样观察方法是一种在教育研究中常用的观察技术。它按照事先确定的标准，从研究总体中抽取部分对象或行为作为样本进行观察，并基于这些样本的结果来推断总体状况。这种方法有助于节省时间、人力和物力，同时能够收集到可靠且具有代表性的观察资料。取样观察方法主要分为时间取样法和事件取样法两种类型。前者以一定的时间间隔为取样标准，记录预先确定的行为是否出现及其出现次数；后者则以观察的行为事件本身作为取样依据，仅对某种特定的行为或活动进行观察和记录。

1. 时间取样法

时间取样法是一种特定的观察策略。它要求观察者根据预先设定的观察维度，在特定的时间段内对某一行为或事件进行有选择性的观察，并将观察结果记录在规定的表格上。这种方法的基本原理是，将短时间内观察到的被试行为视为其平时行为的代表性样本，从而通过对这些样本的分析推断整体行为模式。时间取样法的关键在于时间段的选择，这可以是系统的（如每周固定时间观察），也可以是随机的，或两者结合使用。

在使用时间取样法时，必须注意以下几个方面。

（1）确定观察的目标行为和操作性定义

在进行观察之前，必须明确所要观察的目标行为。例如，帕顿对幼儿的观察主要聚焦于幼儿在游戏中的社会参与行为，并据此将行为分为六大类别：无所事事、旁观、单独游戏、平行游戏、联合游戏、合作游戏。确定观察的目标行为之后，还需对各类行为给予明确的操作性定义。操作性定义旨在详细描述并规范那些需要被观察或测量的具体行为，明确界定这些行为的观察指标。例如，旁观的定义为“儿童长时间站在游戏活动之外，观看其他儿童的游戏，而不参与其中”。

（2）抽取具有代表性的时间

在运用时间取样法时，还需要确定观察时间，明确观察的时距以及时距的数目。例如，刘老师想了解幼儿亲社会性行为（如分享、合作、帮助等）的发生频率，选择了一个相对集中且幼儿活动较为丰富的时间段进行观察，比如上午 9:30 到 11:00。将这 90 分钟的观察时间平均分配给 15 名幼儿，即每名幼儿将被观察 6 分钟。为了获得更具代表性的数据，刘老师决定在一星期内重复这个过程三次。每次观察都在相同的时间段内进行，但观察的具体日期和顺序可以随机安排，以减少因特定日期或顺序带来的偏差。决定使用何种时距、间隔和次数均取决于观察者的需要和目的。在正式运用时间取样法前，最好经过试观察的验证。

（3）选择合理的记录方式

在运用时间取样法时，一个重要的方面是对观察到的行为进行记录，因此需要选择合理的记录方式。在时间取样法中，大部分行为记录采用以下两种方式，即检核和计数。

检核用于记录所观察的特定行为是否出现。因此，在观察的时间段内，只要该行为出现，就要做一个记录标记。例如，要观察某一幼儿是否有吮吸手指的行为，可以选择检核的记录方式，以计数表示在观察时间内该行为出现的次数。在这种研究中，每次该行为出现时，都需要进行记录。

记录的方式与记录表密切相关。在确定记录方式的同时，应一并设计记录表格。设计观察记录表的首要原则是简化，以使观察者能够方便快捷地进行记录。

【拓展阅读】

帕顿运用时间取样法对幼儿游戏的研究

帕顿的观察对象是 2～5 岁的幼儿。根据幼儿在游戏中的社会参与程度，将幼儿的行为分为六种类型：无所事事、旁观、单独游戏、平行游戏、联合游戏和合作游戏。帕顿对每种类型赋予了操作性定义，并制作了量表，见表 4－2、表 4－3 所列。该量表后来成为使用较为广泛的游戏观察工具。在规定的游戏时间内，帕顿依次对每个幼儿进行一分钟的观察，判断该幼儿在这一分钟内表现出的行为属于哪种类型，并记录在观察记录表中。

表 4－2 幼儿游戏类型操作性定义

游戏类型	操作性定义
无所事事	这是一种无目的的活动，如儿童在一旁发呆、乱跑、来回走动，对其他小朋友的游戏不感兴趣。这种行为并不构成真正的游戏，而是儿童在缺乏明确目标或兴趣时的随意举动
旁观	儿童长时间地站在游戏活动以外，看别人游戏，自己不参与游戏过程
单独游戏	儿童独自一个人玩，对别人的游戏不感兴趣
平行游戏	儿童与其他人一起玩相同或相似的玩具或游戏，但相互之间不联系，也不互相影响
联合游戏	儿童可以在一起玩耍，也会互相借用玩具，但没有真正的合作，也没有明确的游戏目标，更没有规则可言。在游戏过程中，儿童之间可能会交谈，但通常是各说各话，互不相关
合作游戏	游戏有共同的目标，需要儿童之间分工合作，共同完成

表 4－3 游戏类型观察记录

游戏类型	无所事事	旁观	单独游戏	平行游戏	联合游戏	合作游戏
幼儿 A						
幼儿 B						
幼儿 C						
幼儿 D						

2. 事件取样法

事件取样法是一种观察记录方法，着重于观察并记录某些特定行为或事件的完整过程。该方法的核心在于观察者根据研究目的，选择并确定需要观察的具体行为或事件类型，然后对这些行为或事件从头到尾进行细致的观察和记录。事件取样法不受时间间隔和时段规定的限制，只要预期的事件一出现，观察者便可立即进行记录。在使用事件取样法时，观察者需事先对所要观察的行为或事件进行分类，并设计相应的观察记录表和观察代码系统，以便在观察过程中能够迅速、准确地记录相关信息。同时，观察者还需要注意将事件的内容与事件发生的背景结合起来进行分析，以获得更为全面和深入的理解。事件取样法的优点在于它能够用于研究任何一种行为或事件，且省时省力。同时，由于它对行为及事件发生的情境有详细的描述，因此可以深入了解、分析行为的背景、过程和结果，并易于进行因果分析。然而，该方法也存在一定的局限性，例如可能中断行为的连续性，无法全面掌握事件以外的可能影响或全貌等。下面是一个运用事件取样法进行研究的范例。

【案例链接】

农村幼儿亲社会行为的研究

一、研究目的：农村幼儿亲社会行为的研究。

二、研究对象：研究选取某市的两所幼儿园，其中一所为市区幼儿园，另一所为农村幼儿园。共 100 名幼儿，其中大班幼儿 40 名（男 19 名、女 21 名），中班幼儿 35 名（男

20 名、女 15 名），小班幼儿 25 名（男 13 名、女 12 名）。

三、操作性定义：根据幼儿的行为特点，将幼儿的亲社会行为主要分为助人、分享、合作、安慰和公德行为等形式。

助人：幼儿在他人需要帮助时给予帮助，如帮小朋友扣纽扣、扶起摔倒的小朋友等。

分享：幼儿与同伴一起玩玩具，分吃食物等。

合作：幼儿与同伴协同完成某一活动，如合作游戏等。

安慰：在他人遭受心理或生理伤害时，幼儿给予安慰。

公德行为：此类行为无明确的行为对象，是利于集体的良好行为，如拧紧水龙头、清扫垃圾等。

四、研究过程：在研究中，每天的观察从幼儿上午入园开始，直至下午离园，观察范围涵盖幼儿在园内各项活动中的亲社会行为。观察期为 10 天。

对每一项亲社会行为从四个维度进行观察记录：一是行为者的姓名、性别；二是行为对象的姓名、性别；三是亲社会行为的形式或类型及其过程；四是亲社会行为的反馈信息，即亲社会行为接受对象在接受该行为后所做出的积极、消极或中性的回应。

五、研究结果（略）

（四）行为检核法与等级评定量表

1. 行为检核法

行为检核法是指对一系列行为进行排列，并标明这些行为是否出现的两种选项，供观察者判断后选择其中之一并做记号的方法。一般来说，记录的方式为二选一，即“有”或“无”，“是”或“否”。幼儿进餐能力行为检核见表 4 - 4 所列。

表 4 - 4　幼儿进餐能力行为检核

幼儿姓名		年龄（月）	
观察者		观察时间	
幼儿是否能够		是	否
（1）能够正确使用勺子			
（2）能够安静吃饭，不和同伴聊天			
（3）能够保持桌面、地面的干净			
（4）吃完饭能够主动将碗筷放回收拾餐盘处			
（5）做到饭前洗手			

2. 等级评定量表

等级评定量表与行为检核表在形式上有所相似，但它们的核心目标截然不同。行为检核表专注于记录特定行为是否发生，无须进一步评估或判断；而等级评定量表则不仅要求确认行为的存在，还需细致区分该行为的性质与程度，如将其划分为“优”“良”“中”“差”等不同等级。在应用等级评定量表时，务必事先用明确的语言界定每个等级所对应的具体行为表现，这些描述应详尽且易于理解。随后，根据观察到的行为，将其归类至相应的等级框内，以便进行更为精确和全面的评估，见表 4－5 所列。

表 4－5 幼儿精细能力评定

姓名： 性别： 年龄（月）： 观察时间： 观察地点： 观察者：				
项目	非常符合	比较符合	基本符合	非常不符合
熟练、稳定抓握与操作小物体				
快速准确穿珠子、搭积木				
涂鸦、画画线条流畅，有控制				
熟练使用剪刀剪纸，无安全问题				
握笔姿势正确，画简单图形（如圆），图形规范				

第二节 幼儿生活活动的观察要点与实践

一、幼儿生活活动的观察要点

（一）幼儿进餐活动的观察要点

1. 对进餐环境的观察

（1）进餐是否有专门的地点（专用餐厅/活动室/走廊或其他地点）。

（2）进餐环境是轻松安静还是嘈杂忙乱。

（3）教师的态度是和蔼还是严厉，是鼓励、支持还是批评、呵斥。

（4）幼儿是否能自行决定所要选取的食物。

（5）食物分量是否充足，是否能根据需要多取。

2. 幼儿对进食环境的反应

（1）进餐前对食物是期待、无所谓还是抵触。

（2）进餐中幼儿的情绪是兴奋、平淡，还是低落、沮丧。

（3）幼儿走向餐桌时是害怕、胆怯还是积极愉快。

3. 对进餐中幼儿习惯的观察

（1）能否独立进餐（完全独立/有时需要成人帮助/完全依赖成人）。

（2）能否正确使用餐具。

（3）是专心进餐还是边进餐边说笑，或者东张西望、边吃边玩。

（4）吃饭过程中是狼吞虎咽、细嚼慢咽还是嘴里含着饭。

（5）进餐中是否撒落饭菜，进餐后是否有剩余饭菜。

（6）是否挑食、偏食（严重程度如何、偏向什么类型的食物）。

4. 对幼儿食欲的观察

（1）饭量：大、正常、小。

（2）进餐速度：快、正常、慢。

5. 进餐后的行为

（1）如何离开座位（热切地说话/噘着嘴/不声不响/流着泪/轻松地将椅子推回/敲着桌子）。

（2）随后做了什么（绕着桌子跑/站着说话/站着等候老师/拿书或玩具/去厕所/帮忙整理餐桌/漱口洗手，放回餐具）。

（二）幼儿午睡活动的观察要点

1. 对午睡环境的观察

（1）对午睡室环境的观察

① 是否有独立的午睡室。

② 午睡室是否宽敞。

③ 幼儿床铺是一人一床、上下铺、连铺。

④ 光线是明亮、柔和还是昏暗。

⑤ 午睡室是否通风。

⑥ 温度是否适宜。

⑦ 床褥是否舒适，是自备还是统一。

（2）对午睡室周边环境的观察

午睡室周边是否安静。

2. 对教师在午睡前组织的主要活动的观察

（1）安静型的活动，如阅读、听轻音乐等。

（2）放松型的活动，如散步、在走廊晒太阳、谈话等。

（3）兴奋型的活动，如看动画片、户外游戏等。

3. 对午睡过程中幼儿各方面行为表现的观察

（1）对幼儿午睡前准备活动状态的观察

① 安静等待。

② 阅读休息。

③ 说笑交谈。

④ 与他人嬉戏。

⑤ 追逐奔跑。

⑥ 哭闹抵触。

（2）对幼儿入睡情况的观察

① 入睡速度：快、慢。

② 入睡状态：独自入睡、需要成人陪伴、依赖特定物品。

③ 入睡中的自理能力：穿脱衣服等。

（3）对幼儿入睡后状态的观察

① 睡姿（趴着睡、蒙头睡、仰卧、侧卧）。

② 是否踢被子。

③ 是否需要中途提醒上厕所。

④ 是否说梦话、做噩梦。

⑤ 是否有其他不良习惯（吸手指、玩生殖器、咬被角等）。

4. 对幼儿午睡醒来状态的观察

（1）幼儿如何醒来（自然睡醒、被同伴吵醒、老师叫醒、因如厕需要醒来）。

（2）醒来后做什么（躺着、如厕、自己玩、找同伴玩、找老师）。

模拟实训

请运用幼儿午睡的观察要点对幼儿园的午睡活动进行观察记录且分析。

（三）幼儿如厕活动的观察要点

1. 对幼儿园班级如厕环境的观察

（1）班级的厕所是否明亮。

（2）厕所是否有门，门是否容易打开。

（3）厕所是否区分男女。

（4）厕所是否有儿童坐便器。

2. 对幼儿如厕需求的观察

（1）能自己感知便意并主动如厕。

（2）需要老师提醒才能去如厕。

（3）感知不到便意，不愿如厕，有尿湿现象。

3. 对幼儿如厕过程的观察

（1）能否按要求分清性别，分别如厕。

（2）如厕时的情绪是愉快、兴奋，还是平淡、紧张或是害怕、不高兴。

（3）如厕过程中能否自理。

（4）如厕过程中是否对自己或同伴的身体产生好奇。

（5）如厕过程中是否有不良行为。

（6）如厕后是否在厕所内逗留。

4. 对幼儿如厕中卫生习惯的观察

（1）便后能主动用肥皂洗手。

（2）需成人或同伴提醒才会洗手。

（3）躲避洗手。

（4）洗手时以玩水为目的。

模拟实训

请运用幼儿如厕的观察要点对幼儿园的如厕活动进行观察记录且分析。

模拟实训

请以幼儿园的实习小组为单位，对本班幼儿的日常生活行为进行全面了解。在此基础上，共同协商确定某一具体方面作为观察主题，选择适当的观察方法，通过分工合作完成观察记录与分析，并与本班指导教师探讨具体的改进策略。

二、幼儿生活活动的案例分析与指导

（一）幼儿进餐活动的案例分析与指导

吃白饭的扬扬（轶事记录法）

被观察对象：扬扬，男，3岁8个月。

观察时间：2013年10月16日11点40分。

观察场景：幼儿园教室，午餐时间。

观察者及观察角色：孙老师，参与者观察。

观察记录：

午餐时间，随着阿姨忙碌的身影，一盘盘热气腾腾的饭菜被整齐地摆放在餐桌上。我轻声招呼“梨子组”的孩子们前来排队取餐。队伍缓缓前行，轮到扬扬时，他却突然停住了脚步，目光在桌上的饭菜和阿姨手中的碗之间徘徊，迟迟没有动作。“扬扬，快来端饭呀，饭菜都准备好了。”我温柔地催促，但他仿佛被定住了一般，只是静静地站着，没有回应。我走近询问，他依旧沉默，仅用眼神表达着抗拒。无奈之下，我只好亲自端起一碗饭，引导他回到座位上，试图用食物的香气吸引他：“看，今天的饭菜多诱人啊，一定很好吃！”然而，扬扬却皱起了眉头，小声而坚定地拒绝：“不要……不要菜……”面对他的固执，我转而向全班小朋友发起“攻势”：“大家喜不喜欢今天的饭菜啊？”孩子们兴奋地回应“喜欢”，气氛一时热烈起来。但扬扬依然不为所动，即便我连续劝说了好几分钟，他仍旧固执地把碗推到一旁。最终，我决定采取更直接的方式，亲自喂他吃饭。可即便这样，扬扬对饭菜中的葱粒依然表现得异常敏感。他小心翼翼地用手挑出葱粒，只吃米饭，对菜和肉完全提不起兴趣，连汤也未沾一口。这次午餐时间，对扬扬来说似乎是一个小小的“挑战”。他的挑食行为，让我既感到无奈又充满思考：如何引导孩子们养成良好的饮食习惯，让每一份食物都能成为他们成长的助力呢？

分析与评价：

扬扬在午餐时明显表现出挑食的倾向，尤其是对蔬菜和肉类表现出抗拒。这种行为在儿童中较为常见，可能源于个人口味偏好、对未知食物的恐惧或家庭饮食习惯的影响。然而，长期挑食可能导致营养不均衡，影响身体健康和生长发育。扬扬对饭菜中的葱表现出明显的抗拒，这可能反映出他对新食物或食物中不熟悉的元素有一定的恐惧或排斥心理。这种心理在儿童中较为普遍，但需要通过正确的引导和教育来克服。教师和家长可以逐步引入新食物，帮助他逐渐适应和接受不同的口味与食材。在整个过程中，扬扬几乎没有用语言表达自己的意愿或不满，只是通过行为和表情来表达。这可能反映出他在沟通方面存在一定的障碍或不足，缺乏用语言有效表达自己需求的能力。对于教师和家长来说，需要关注并引导他提高沟通能力，以便更好地理解和满足他的需求。尽管扬扬的行为在一定程度上给老师带来了困扰，但也反映出他具有一定的自我主张和独立性。他不愿意被强迫做自己不喜欢的事情，这种坚持可能在一定程度上有利于他形成独立的人格和个性。然而，也需要在尊重他个人意愿的同时，引导他理解并遵守社会规范和集体规则。

（二）幼儿午睡活动的案例分析与指导

个别幼儿午睡情况记录分析——我能自己睡了（轶事记录法）

观察对象：孙佛，女，3 岁 6 个月。

观察目的：午睡时对玩具的依赖情况。

观察时间：2012 年 9 月 10 日。

观察背景：幼儿刚入园不久，情绪尚未完全稳定。

观察记录：

孙佛和妈妈先后走进教室，大声说道："老师好！老师，节日快乐！"老师应答后，孙佛抱着每天陪她睡觉的玩具小狗，走向午睡室。

老师这时商量地问："孙佛，今天我们睡觉不抱'小狗'，好吗？""呜——不嘛！"孙佛转身望着睡觉用的玩具小狗，走向午睡室向妈妈投去求助的眼神，妈妈也很无奈地看着她。老师赶紧说："那好吧，你今天还是抱着'小狗'睡觉吧。"

观察时间：2012 年 9 月 28 日。

观察背景：

今天，孙佛早上来园时忘了带她的玩具小狗。她爸爸在上午 10 点 50 分将玩具小狗送到幼儿园，交给老师，并特别交代午睡时一定要给她，否则她会哭闹。

老师考虑试一试，先放在柜中，等孙佛哭闹时再拿出来给她。

观察记录：

孙佛吃过午饭，漱了口，上了厕所，走进午睡室。她请老师帮她脱衣服，并认真地将衣服叠放整齐，然后上床钻进被窝。老师走过来想拍拍她，她说："我能自己睡。"坚持不让老师拍，也没有吵着要小狗。12 点 20 分，她安静入睡。

分析与评价：

孙佛入园时，家长特意交代，她睡觉离不开陪伴了她三年的玩具小狗。由于刚入园，幼儿尚未建立起足够的安全感和信任感，老师最初同意她抱着小狗，这有助于幼儿建立对幼儿园的安全感。

入园一段时间后，孙佛在游戏等活动中表现出良好的状态。此次，我们利用她忘记携带玩具小狗来幼儿园的契机，成功地帮助她第一次在没有“小狗”的陪伴下安静入睡。

在幼儿逐步建立起对幼儿园的安全感和信任感之后，教师应设法帮助幼儿摆脱对某些特定物品的依恋，但切忌操之过急，更不可采用强制手段。

（三）幼儿如厕活动的案例分析与指导

幼儿如厕逗留情况观察记录与分析（事件取样法）

观察对象：合肥市××幼儿园××班全体幼儿。

观察行为定义：如厕后没有立刻离开卫生间的行为均为如厕逗留行为。

观察方法：事件取样法。

观察时间：2022 年 1 月 13 日至 1 月 17 日。

观察者：唐老师

表 4-6　幼儿如厕逗留行为分类统计

逗留原因 逗留发生次数	同伴交谈	玩耍、打闹	观察	小计
晨间活动	3	1	1	5
区域活动	1	2		3
集体活动		1		1
午睡活动			2	2
午餐活动		1		1
总计	4	5	3	12

记录分析：

（1）逗留行为总次数：1 月 13 日至 1 月 17 日五日内，共发生 12 次逗留行为。

（2）逗留原因：在 12 次逗留行为中，原因分别为“同伴交谈”的有 4 次，“玩耍、打闹”的有 5 次，“观察”的有 3 次。

（3）以逗留原因发生的次数来分：“同伴交谈”3 次发生在晨间活动时，1 次发生在区域活动时；“玩耍、打闹”发生在除午睡活动外的其他所有活动中；“观察”1 次发生在晨间活动时，2 次发生在午睡活动时。

分析与策略：

（1）五天内，幼儿在如厕环节的逗留行为中，共出现了 12 次不同的逗留原因，其中晨间活动时段内的逗留出现了一次。特别值得注意的是，同伴交谈作为逗留原因出现了三次，这表明孩子们在早晨到达幼儿园后，对与同伴的交流有强烈的渴望。这可能是因为经过一个晚上未见面，孩子们希望在早上抵达幼儿园时，能有与伙伴自由交谈的时间。因此，教师可以在晨间合理安排一段时间，让孩子们进行自由交谈，以满足他们渴望交流的心理需求。

（2）在幼儿如厕逗留行为统计中，“玩耍、打闹”行为占据了显著比例，共计发生 5 次，且几乎出现在除午睡外的所有活动时段。深入分析这一现象，原因可能在于幼儿在如厕时感受到一种相对脱离教师直接视线的自由感，他们的心情变得格外放松和愉悦。在这种状态下，孩子们往往会利用短暂的时间在厕所内尽情玩耍，甚至会发生打闹，但这些行为通常保持在轻松愉快的氛围中，不会升级为严重冲突。面对此类逗留情况，教师在确保幼儿如厕安全的前提下，可以采取更为宽容和灵活的态度。在不影响其他正常活动的情况下，教师可以不过多干预孩子们的玩耍行为，给予他们一定的自由放松时间。这不仅有助于满足孩子在特定情境下对自由交流的渴望，还能增进他们之间的友谊和相互理解，为幼儿的全面发展创造更加和谐、宽松的环境。

（3）午睡时间往往是幼儿如厕时选择“观察”行为的高发时段。这主要是由于在午睡期间，有些幼儿因个人原因需要中途如厕，而此时厕所内相对空旷无人，环境宁静。对于那些不太喜欢午睡的幼儿来说，这样的环境便成了他们延长停留时间的好去处。他们或许会饶有兴趣地观察水管，研究下水道，尤其是对冲水的过程充满好奇。实际上，幼儿对管道设备及排水冲便的过程怀有浓厚的兴趣。作为教师，我们可以巧妙地利用这一机会，满足孩子们的探索欲和求知欲。例如，在合适的时机，我们可以向幼儿讲解冲水的科学原理，既满足他们的好奇心，又丰富他们的知识。同时，通过正面的引导，我们也能有效避免幼儿在如厕时过度逗留，从而确保幼儿园生活有序进行。

第三节　幼儿游戏活动的观察要点与实践

一、幼儿游戏活动的观察要点

（一）角色游戏的观察要点

角色游戏的观察要点，见表 4 - 7 所列。

表 4 - 7　角色游戏的观察要点

角色扮演	扮演自己
	扮演他人
	扮演他物
角色意识	无角色意识，由材料诱发角色行为
	提出角色名称，但不能坚持
	能坚持扮演某一角色

（续表）

角色分配与轮流	无角色分配
	有角色分配，但无轮流意识
	自主分配角色且有较强的轮流意识
游戏主题	家庭生活中的人物与情节
	家庭之外的社会生活
游戏情节	情节单一、重复
	情节丰富，有内在逻辑线索，但具有随意性
	能够预先计划游戏情节
以物代物	真实物品
	类似真实物品的玩具
	与真实物品的形式相似，但功能不一致的物品
	形式与功能都不同于真实物品的物品
	无须物品支持，仅用言语和肢体动作
社会互动	独自游戏
	平行游戏
	联合游戏
	合作游戏
语言沟通	无任何语言沟通
	同伴真实身份语言
	角色身份语言
持续性	游戏目的不稳定，频繁更换角色或游戏主题
	游戏目的稳定，有时会更换角色或游戏主题
	游戏目的稳定，能持续进行游戏，不轻易更换角色或游戏主题

（二）建构游戏的观察要点

建构游戏的观察要点，见表 4－8 所列。

表 4－8　建构游戏的观察要点

一级指标	二级指标
材料选择	随意选择材料，仅关注材料的种类
	有目的地选择材料，不仅关注材料的种类，还关注材料的数量
	根据需要精心选择材料，在关注材料的种类、数量的同时，还对每种材料的大小、长短、颜色、尺寸等反复尝试、比较

（续表）

一级指标	二级指标
建构技能	无建构技能，只是搬运、敲打摆弄
	平铺、垒高、围合
	简单架空
	复杂架空
	模式
	组合
表征行为	无表征
	简单表征
	复杂表征
意志行为	无计划、无目的，遇到问题或困难直接放弃
	边建构边形成建构内容和主题，遇到问题或困难会主动寻求帮助
	开始就有计划和目的，遇到问题或困难会独立思考解决

（三）表演游戏的观察要点

角色行为：目的性角色行为和嬉戏性角色行为。前者指幼儿根据故事内容扮演角色，认真再现故事情节；后者指幼儿依据自身兴趣进行角色扮演，嬉戏玩耍。

表演水平：一般性表演和生动性表演。前者指的是幼儿在表演时语气平淡、表情单调，缺乏感染力；而后者则表现为幼儿能够运用夸张但恰当的语气、语调、动作和表情，生动地诠释角色。

同伴交往：幼儿以真实身份与同伴进行互动，围绕角色、规则、情节、材料、动作、对白等方面展开。

审美与理解行为：幼儿对文学作品中心思想、主要情节和角色特征的把握能力及其对其中艺术元素的审美感知。

意志行为：在表演游戏中表现出来的目的性、计划性和坚持性。

二、幼儿游戏活动的观察案例

（一）角色游戏的观察举例

娃娃家

娃娃家里好热闹啊！贝贝蹦蹦跳跳地走了进来，一眼就看到了“爸爸”的牌子，赶紧戴在胸口，笑得眼睛都眯成了月牙。他跑到摆放物品的大柜子前，东摸摸、西看看，一会儿拿起面包假装吃了几口，一会儿又拿起夹子把玩起来。

“瑄瑄，你在干什么呀?”贝贝看到瑄瑄抱着宝宝，还在给宝宝喂蛋糕，好奇地问道。

“我在喂宝宝吃蛋糕呢，贝贝你也来玩吗?”瑄瑄笑着回答。

“好啊，我来帮你切蛋糕吧！”贝贝高兴地拿起小刀，和瑄瑄一起切蛋糕。切好后，他们还一起喂宝宝吃，宝宝吃得非常开心。

“哎呀，宝宝好像口渴了，怎么办呀？”瑄瑄假装着急地说。

“没关系，我去找水给宝宝喝！”贝贝站起来，四处张望，但没找到水壶。他挠了挠头，跑去找老师说：“老师，这里没有水了，宝宝想喝水怎么办？”

老师笑眯眯地说：“贝贝，你看看周围有什么东西可以代替水呢？”贝贝想了想，仍然有些不明白。老师指了指旁边的果汁机，贝贝眼睛一亮，说道：“哦！我知道了，可以榨果汁给宝宝喝！”

于是，贝贝和瑄瑄开始找材料榨果汁。但他们没有找到真正的水果。贝贝看到旁边的彩纸，眼睛咕噜一转，说道：“我们用彩纸做果汁吧！红色的就像草莓汁，绿色的就像苹果汁。”瑄瑄拍手叫好：“好主意，我们就一起做吧！”

他们撕着彩纸，假装放进果汁机里榨果汁。榨好后，贝贝小心翼翼地端着“果汁”，生怕洒出来。他走到宝宝面前，轻轻地喂给宝宝喝：“宝宝，这是草莓汁和苹果汁，好喝吗？”宝宝虽然不会说话，但笑得十分灿烂，似乎真的很喜欢呢！

分析：

贝贝能够迅速找到并佩戴“爸爸”的角色牌，这表明他具有一定的角色认知和选择能力。他明确自己在游戏中要扮演的角色，并通过佩戴角色牌来强化这种认知。找到角色后，他迅速融入游戏情境，开始模仿“爸爸”在家庭中的行为，如处理食物、与“妈妈”（瑄瑄）合作等。这些行为表明他能够初步理解和模仿角色的基本职责与行为模式。在游戏中，他与瑄瑄积极互动，共同照顾宝宝，这显示出他具有一定的角色互动意识和能力。他能够根据游戏情境和角色需求，与同伴进行合作和交流。贝贝主动与瑄瑄沟通，提出帮忙切蛋糕的建议，并在瑄瑄需要时提供帮助。这表明他具有一定的沟通能力，能够清晰地表达自己的意愿和需求。他在游戏中表现出良好的合作能力。他们共同解决问题（如制作果汁），分享资源和成果（如共同照顾宝宝），这表明他们能够在游戏中建立积极的合作关系。当找不到水壶时，贝贝能够向老师求助并接受老师的建议，用彩纸代替果汁来解决问题。这显示出他具有一定的创造力和问题解决能力，能够在面对困难时寻找替代方案。贝贝用彩纸制作果汁的过程展现了他的想象力。他能够将彩纸与果汁联系起来，创造出五彩斑斓的“果汁”，为游戏增添了更多的乐趣和想象空间。

（二）建构游戏的观察举例

蒙蒙（女，3岁10个月）和田田（男，4岁5个月）一起玩积木。蒙蒙提议：“我们一起建幼儿园吧。”田田回应：“好的。”于是，两人分别开始建造自己的幼儿园。蒙蒙先找了两块大小相同的积木，将它们垂直竖立。调整好两块积木之间的距离后，她在上面放了一块拱形积木，并用两块较小的长方形和三角形积木搭成房顶。完成主体建筑后，她在建筑周围摆了一圈长方形积木，作为幼儿园的围墙。

分析：

蒙蒙在建构游戏中开始表现出复杂的表征能力，能够在游戏前明确自己的建构目的，提出要“建幼儿园”。她搭建的结构展现出简单架空、堆高、围拢的组合，属于简单组合水平。

(三) 表演游戏的观察举例

观察时间：2017 年 6 月 13 日上午 10：00—10：40。

观察地点：大班表演区。

观察方法：定点法、间接观察法。

观察目标：观察幼儿在表演游戏中的关键经验。

记录方法：实况详录法。

观察背景：

近期，班级“动物，我们的朋友”主题活动火热开展，孩子们对动物充满了好奇，纷纷带来相关的动物书籍进行分享。其中，《老虎拔牙》一书尤为引人注目，激发了幼儿浓厚的兴趣。在区域活动接近尾声时，轩轩提议下次表演该书的故事，这一建议迅速得到了同伴们的热烈响应。

观察实录：

大班区域活动时间，轩轩、航航、小小、小溪、欣欣和朵朵满怀期待地来到表演区。

轩轩首先发言，眼神中闪烁着对角色的渴望：“我要演大老虎，它可是森林之王！”航航也不甘示弱，拍拍胸脯说：“我更适合，你看我多强壮，轩轩你太瘦了。”轩轩笑着反驳：“但我的牙齿非常厉害，能一口咬断树枝，你的牙齿都黑黑的，怎么演大老虎呢?”

两人正争论不休时，小小提出了建议：“好了，别争了，我们石头剪刀布吧，谁赢谁就演大老虎。”大家一致同意，最终轩轩赢得了角色。

表演开始，轩轩背着手，威风凛凛地走上台，大笑道：“哈哈哈，我是森林里最厉害的动物，我是森林之王！”说完，他得意地退场。

紧接着，欣欣扮演的小猴蹦蹦跳跳地上场，笑眯眯地说：“老虎的牙齿真厉害，大树一啃就断了。”朵朵则在一旁扮演小兔，附和道：“是啊，我好害怕呢。”

这时，轩轩突然走过来，认真地说：“欣欣、朵朵，你们演得不太对劲。小猴和小兔看到大老虎应该是很害怕的，表情要更紧张一些才行。”欣欣愣了一下，有些沮丧地说：“可是我不知道该怎么演害怕的样子。”

我走到欣欣身边，温柔地问：“欣欣，你喜欢演小猴吗?”她点点头。“那我们一起想想办法，怎么让小猴的角色更生动，好吗?”我提议道。

轩轩见状，也主动走过来帮忙：“我来示范一下小猴害怕的样子吧。”说着，他做出了缩成一团、四处张望的动作，并配上了惊恐的表情。小伙伴们看到后，纷纷鼓掌叫好。

“看，就是这样！”轩轩鼓励欣欣说，“你可以试试加上一些带有害怕情绪的动作和表情，效果肯定会很出色！”欣欣受到鼓舞，开始尝试模仿轩轩的动作，渐渐找到了感觉。

游戏继续进行着，每个孩子都沉浸在角色中，享受着表演带来的乐趣。

分析：

在《老虎拔牙》的表演游戏中，六名幼儿围绕经典故事积极投入，展现了丰富的角色行为目的性。尽管在“大老虎”角色的分配上出现了一些小插曲，但这一争执恰恰反映了孩子们对角色特征的深刻理解和强烈的扮演意愿。他们紧扣故事情节，通过各自的演绎再现了故事的精髓，展现了良好的角色意识和行为。其中，轩轩小朋友表现尤为突出。他不仅满足于故事的简单再现，还以丰富的语言、生动的动作和细腻的表情，赋予角色鲜活的生命力。其高超的表演水平不仅激发了同伴的共鸣，也提升了整个游戏的品质。面对游戏中的争议与僵局，孩子们展现出了良好的问题解决能力。他们通过猜拳游戏和友好协商，有效化解了矛盾。这一过程不仅锻炼了他们的社交技能，也加深了彼此间的默契与理解。在游戏中，幼儿们的交往主要聚焦于如何更精准地表达动作和对白，而在其他方面已形成了良好的默契。这种积极的同伴交往为游戏的顺利进行奠定了坚实基础。从意志行为层面观察，六名幼儿能够迅速且有效地分配角色，快速形成角色认同，并顺利进入游戏的协商与计划阶段，展现出较强的目的性和计划性。这一系列行为不仅体现了孩子们对游戏的热爱与投入，也彰显了他们在游戏过程中不断学习与成长的能力。尤为值得称赞的是教师在整个过程中展现的教育智慧。当游戏遭遇僵局时，教师敏锐地捕捉到这一教育契机，通过巧妙的提问引导，将解决问题的主动权交还给孩子们，鼓励他们自主思考、相互协作，从而实现了教师介入的高价值与高效能。这样的教育方式不仅促进了游戏的深入发展，也为孩子们提供了宝贵的自我成长机会。

模拟实训

请结合游戏的观察要点设计游戏观察量表，对幼儿游戏行为进行记录分析，并提出教育建议。

____

____

____

第四节　幼儿教学活动的观察要点与实践

一、幼儿健康教育活动中的观察

（一）健康教育活动中的观察要点

《纲要》明确提出：“幼儿园必须把保护幼儿的生命和促进幼儿的健康放在工作的首位。”这一提法具有深刻的理论依据和深远的实践意义。幼儿健康领域所提倡的就是“保护幼儿生命，促进幼儿健康”。健康教育活动的观察内容主要从心理健康和身体健康两个方面考虑，具体观察要点如下：

（1）是否适应集体生活，并能在集体生活中情绪安定，保持积极、愉悦的心情。

（2）是否有一定的生活自理能力。

（3）是否有良好的生活卫生习惯。

（4）是否有安全意识，懂得保护自己。

（5）是否热爱运动。

（6）是否有与年龄相适应的动作技能，并动作娴熟。

（二）健康教育活动中的观察列举

1. 体育教学活动“练习夹包跳”的实况详录

体育教学活动“小袋鼠拜年”（练习夹包跳）

在体育教学活动“练习夹包跳”中，小陈手持沙包的一角，静静地站在一旁，看着其他小朋友兴奋地穿梭跳跃。老师走近她，温柔地说道：“小陈，你看大家玩得多开心啊，想不想也试试夹包跳呢？”

小陈低头小声说：“老师，我也想，但我脚有点痛，可能跳不了。”

老师微笑着蹲下身，假装检查她的脚：“哎呀，让老师这个神医来看看。嗯，似乎真的有一点小问题，不过没关系，老师有魔法，一拍就好！”说完，老师轻轻地拍了拍小陈的脚。

“好了，现在脚不痛了，我们一起给小朋友们做个好榜样，好吗？”老师提议道。

小陈犹豫了一下，但看到老师期待的眼神，还是点了点头：“好吧，我试试。”

在第一次尝试时，老师牵着她的手，进行无沙包跳跃。完成后，小陈喘着气说：“老师，我好累，但是很开心！”

第二次，老师帮她夹好沙包：“小陈，看好了，我们要这样夹住沙包跳。加油，你一定能做到！”

小陈深吸一口气，看着老师说：“好的，老师，我来了。”虽然过程中有些踉跄，但她最终还是成功地将“礼物”送达。

老师高兴地接住沙包，抱住她说道：“小陈，你太棒了！你做到了！”小陈害羞地笑了笑：“谢谢老师，我还想再试一次，但我想先休息一下。”其他小朋友也纷纷围过来，为小陈鼓掌加油。

分析：

在该案例中，教师展现了耐心、鼓励和逐步引导的教育智慧，通过游戏化的方式消除小陈的顾虑，促进她参与活动并体验成功。小陈则从旁观到尝试，展现了勇于挑战自我、努力完成任务的态度。小陈成功后，虽略显害羞但内心充满喜悦，最终根据自身情况做出暂时不再继续的决定，体现了自我认知与决策能力。

以上是一个实况初录的例子。这个案例既展示了幼儿（小陈）的运动能力，也体现了教师鼓励幼儿参与体育活动的方式。这不仅涉及身体健康，也关乎心理健康。

2. 幼儿运动素质的等级评定

幼儿运动素质等级评价（踢球活动），见表 4－9 所列。

表 4－9　幼儿运动素质等级评价（踢球活动）

运动素质	等级 1	等级 2	等级 3
学习动作技能	不能掌握动作技能	基本掌握动作技能	完全掌握动作技能
速度素质	20 米跑 4.2 秒以上	20 米跑 3.1～4.1 秒	20 米跑 3.0 秒及以内

（续表）

运动素质	等级 1	等级 2	等级 3
耐力素质	单脚站立 30 秒以上	单脚站立 30～50 秒	单脚站立 60 秒以上
灵敏素质	左右跳 10 次/20 秒以内	左右跳 10～14 次/20 秒	左右跳 15 次/20 秒以内
主动性	旁观别人或经别人提醒再参加活动	观察别人活动后再进行活动	很快参加活动
积极性	需经常提醒，注意力分散	需要别人提醒进行练习	不需要别人提醒，积极活动，兴趣高
独立性	即使自己会踢，也要别人帮助	自己不会踢或踢不好时，要请别人帮忙	不论会不会踢，都不喜欢别人帮助
创造性	完全模仿他人动作	能自己探索一两种方法	学习新动作时，敢于尝试，能探索三种以上方法

3. 幼儿体育活动的行为检核

幼儿体育活动的行为检核，见表 4 - 10 所列。

表 4 - 10　幼儿体育活动观察

幼儿姓名：________观察日期：________活动名称：________

观察目标：全面评估幼儿在体育活动中的行为表现，包括参与度、体能表现、技能发展和社交互动等方面。

检核项目	具体表现描述	是	否	备注
一、参与度	（1）主动参与活动，对活动内容表现出浓厚的兴趣			
	（2）全程投入，无频繁分心或逃避行为			
二、体能表现	（3）体力状况良好，能持续参与活动无明显疲劳			
	（4）能够完成基本的体育活动动作，如跑、跳、攀爬等			
	（5）展现出良好的协调性和平衡感，动作流畅			
三、技能发展	（6）在特定技能上有所进步或熟练掌握			
	（7）勇于尝试新技能，不怕失败，有探索精神			
	（8）能够将所学技能应用于实际活动中，提高游戏水平			
四、社交互动	（9）与同伴友好相处，积极互动，分享玩具和空间			
	（10）在团队活动中表现出良好的合作精神和团队意识			
	（11）能够有效处理与同伴的冲突，使用礼貌用语解决问题			

备注：此表用于记录幼儿在体育活动中的具体行为表现。观察员需在“观察结果”栏中勾选“是”或“否”，以反映幼儿在各项目上的表现情况。在“备注”栏中，可记录具体的观察细节、幼儿的特殊表现或需进一步关注的行为，以便后续分析和指导。

二、幼儿语言教育活动中的观察

（一）语言教育活动中的观察要点

语言领域的教育既可以渗透在幼儿园一日生活的各个环节中进行，也可以通过专门的教学活动开展。例如，幼儿常出现的发音错误有 z、c、s 和 zh、ch、sh，n 和 l，g 和 d 不分，以及一些儿化音发音不准。这种情况可以通过幼儿与成人或同伴的交谈，或在各种教学游戏中观察其语言能力来发现。同时，应根据研究和了解的目的，确定观察内容，对幼儿的听、说技能进行观察，并记录其语音、词汇、语法、语用等方面的情况。这些内容的记录可以根据不同语言活动形式有所侧重。例如，在文学活动中，观察幼儿理解和欣赏作品语言的能力；在讲述活动中，关注幼儿独白语言能力的发展；在听说游戏中，主要观察幼儿的语音和词汇掌握情况；在谈话活动中，观察幼儿的倾听能力和表达能力发展状况；在早期阅读活动中，观察幼儿的语言理解能力等。具体来说，语言教育活动中对幼儿的观察主要可以从以下几个方面进行：

（1）是否具有良好的注意倾听习惯，能否在教学活动中耐心聆听教师和同伴的发言。

（2）普通话水平如何，在吐字方面有无问题。

（3）在教学活动中，能否正确回答教师的问题，是否乐意参与语言活动，并愿意在集体面前大胆表达自己的看法，清晰传达自己的意图。

（4）对幼儿文学作品是否感兴趣，能否理解和体会幼儿文学作品所表达的内容，感受语言的丰富与优美。

（5）是否对文字符号感兴趣。

（二）语言教育活动中的观察举例

1. 语言活动的描述记录

幼儿语言能力发展观察记录

被观察者：泽泽　性别：男　年龄：4 岁 2 个月

观察情境：自然情境

观察时间：5 月 7 日至 5 月 9 日

观察者：高老师

片段 1：

高老师：这是什么？

泽泽：画笔。

高老师：画笔是？

泽泽：画画用的。

高老师：这是什么？

泽泽：苹果。

高老师：苹果是?

泽泽：吃的。

观察者判断：会说出物品的名称及用途。

片段2：

高老师：你为什么喜欢吃巧克力?

泽泽：巧克力是甜的。

高老师：你觉得苦瓜好不好吃?

泽泽：苦瓜好苦。

高老师：那你就吃土好了。

泽泽：土不能吃，吃了会生病。

观察者判断：会形容物品的特征。

片段3：

泽泽：老师，我想拉尿。

泽泽：老师，我吃饱了。

泽泽：老师，我的水壶打不开了。

观察者判断：有困难时会清楚地表达出来。

片段4：

泽泽：老师，陈奕碰倒了欢欢积木，他们在吵架。

泽泽：老师，爸爸昨天带我到游乐场去抓鱼了。

泽泽：晨晨丢积木丢到洋洋的头上了。

观察者判断：会根据事件发生的顺序叙述。

片段5：

泽泽一边画一边说："有个小朋友有长长的头发，大大的眼睛，小小的嘴巴，她好漂亮。"

观察者判断：会一边画图一边叙述画的内容。

片段6：

泽泽：从前有一只唐老鸭，他很会说话……

泽泽：有三只小猪，一只猪大哥，一只猪二哥，还有一只猪小弟。然后……我忘记了。

观察者判断：会上台讲故事，但讲述不够详细，仅能说出故事的大致内容。

总结：四岁左右的幼儿已经能够组织6～8个字的完整句子。句子中除了包含名词、动词，还包含连词，不过其语法结构仍存在错误。

泽泽的语言发展已基本稳定，达到了四岁幼儿的语言发展水平。由于他个性活泼、爱讲话，且喜欢与小朋友一起做游戏，这进一步促进了他语言能力的发展。

2. 幼儿语言表达行为检核

幼儿语言表达行为检核，见表 4-11 所列。

表 4-11 幼儿语言表达行为检核

表现　　姓名 观察内容	幼儿 1	幼儿 2	幼儿 3	幼儿 4	幼儿 5
会主动与人打招呼					
会简单地进行自我介绍					
能口齿清晰地背诵儿歌					
会进行简单的数数					
能完整地讲述一个简单的故事					
能独立唱完一首歌					
能表达身体的感受					
能踊跃、愉快地发表意见					
能讲述自己的经验					
能说出周围常见物品的名称					

备注：在表现一栏中根据幼儿的表现画上：☆（表现优）；○（表现良好）；▬（表现一般）；▲（需要加油）。

模拟实训

在老师的带领下，进入幼儿园对幼儿进行实地观察。将班级同学分成若干小组，每组 4～5 人，分别进入不同年龄班。在充分理解幼儿语言表达行为检核表的基础上，每位同学选择 5 名幼儿，利用表 4-10 进行观察记录。之后，对观察记录的结果进行分小组分析评价，并将结果提交给老师。

三、幼儿社会教育活动中的观察

（一）幼儿社会教育活动中的观察要点

《纲要》从以下几个方面提出了社会领域发展目标：

（1）能主动参与各项活动、合作和分享，有自信心。

（2）乐意与人交往，学习互助、合作和分享，有同情心。

（3）理解并遵守日常生活中基本的社会行为规则。

（4）能努力做好力所能及的事，不怕困难，有初步的责任感。

（5）爱父母、长辈、老师和同伴，爱集体、爱家乡、爱祖国。

从以上内容可以看出，社会领域的目标是从两个维度提出的：一是社会关系的维度，包括幼儿与自身的关系（自信、主动、自觉、坚持等），与他人的关系（乐群、互助、合作、分享、同情），与群体或集体的关系（遵守规则，爱护公物和环境），与社会的关系（社会职业、家乡、祖国、世界文化等）；二是心理结构的维度，包括认知、情感、态度和行为技能等。对于幼儿社会领域发展的观察，可以从上述方面着手。

（二）幼儿社会教育活动观察举例

1. 同伴行为互动检核

同伴互动检核表

观察者：　　　　　　　　幼儿：

日期：　　　　　　　　　年龄：

为班级中的每位幼儿填写此检查表。在浏览所有条目后，勾选出最能反映该幼儿与同伴互动时行为特征的条目。通常情况下，勾选7～9种行为，以准确把握幼儿与同伴互动的方式。有时检查表中的许多行为幼儿都有所表现，教师只需勾选出最能体现特定幼儿特色的行为即可。如果教师在填写检查表时对该幼儿与同伴的关系产生思考，可以在最后的评注部分进行记录。

（1）通过模仿或口头确认，把自己的行为与同伴的活动联系起来

（2）游戏发生冲突时进行调解

（3）发起活动邀请其他幼儿参加

（4）主动领导但往往不成功

（5）常常听从其他幼儿的领导，而不是自己发起活动

（6）花很多时间观察其他幼儿的游戏

（7）在游戏中与其他幼儿发生冲突时，愿意让步或离开

（8）对自己的活动比对其他幼儿的活动更感兴趣

（9）常常邀请其他幼儿参加游戏

（10）往往指导其他幼儿的行为

（11）只要有其他幼儿在场，往往会继续进行游戏活动

（12）当听从其他幼儿的请求会干扰自己的活动时，幼儿往往选择不听从

（13）常常扩展并详细描述其他幼儿的想法

（14）常常分派角色给其他幼儿

（15）想要控制其他幼儿所做的事情

（16）在转入不同的游戏区时，跟随其他幼儿顺利地进行互动

（17）执行自己的想法时具有坚持性

（18）直接请求并接受他人的帮助

（19）常常被其他幼儿排斥

（20）在游戏中，首先关注材料

（21）关心自己是否被其他幼儿接受

（22）与其他幼儿合作

（23）对其他幼儿所做的事常常给予反馈（如“不像那样……让我做给你看看”）

（24）经常独立地游戏

（25）与其他幼儿分享信息和技能（如向另一个幼儿展示如何进行游戏）

（26）在游戏中，常常比其他幼儿说得多

（续表）

（27）在其他幼儿需要关心或帮助时，给予关心或帮助
（28）基于对活动本身的兴趣选择游戏区，而不是看是否有自己所喜欢的同伴
（29）常常难以听从他人的请求
批注：

2. 幼儿社会行为发展观察记录

我们一起搭积木

活动开始时，小明、小红和小华三位小朋友分别选择了自己喜欢的积木颜色，各自坐在不同的位置开始搭建。最初，他们之间没有明显的交流，各自专注于自己的作品。几分钟后，小红尝试搭建一座更高的城堡，但发现手中的积木不够高。她抬头看到小华旁边有一些未使用的长条形积木，于是轻声问："小华，我可以借用你的积木吗？"小华起初有些犹豫，但看到小红真诚的眼神后，微笑着点头，并递给她所需的积木。得到积木后，小红顺利地搭建好了她的城堡。她高兴地向小明展示自己的作品，并邀请他一起欣赏。小明对小红的城堡表示赞赏，并提出一个建议："如果我们再加一扇门和几扇窗户，城堡会更完美。"小红觉得这个建议很好，于是他们两人开始合作，小明负责寻找合适的积木做门窗，小红则负责将它们安装到城堡上。小华看到他们在合作，也主动加入进来，提供自己的积木和创意。在搭建过程中，他们遇到了积木不稳固的问题。经过讨论，他们决定在底部增加一些宽大的积木作为支撑，成功解决了问题。最终，他们三人共同搭建好了一座漂亮的城堡。老师邀请他们向全班展示作品，并分享搭建过程中的趣事和学到的经验。小明、小红和小华都感到非常自豪与开心。

分析：

社交能力：小红能够主动向同伴提出请求并清晰地表达自己的想法，展示了良好的社交能力。小华虽然有些犹豫，但最终还是选择了帮助同伴，体现了他的友善和分享精神。

合作精神：在搭建过程中，小明、小红和小华能够相互支持、共同协作，最终完成了一件出色的作品。这展现了他们良好的合作精神和团队意识。

解决问题能力：面对积木不稳固的问题，他们能够共同讨论并找到解决方案，展示出出色的问题解决能力和创新思维。

模拟实训

老师需事先与幼儿园联系，在条件允许的情况下，组织学生观摩一次体育教学活动。每位同学需在课前选定三名被认为较有特点的幼儿作为观察对象，并结合幼儿体育活动观察表进行观察和记录。比较不同幼儿在体育活动中表现出的行为差异，分析并探讨造成这些差异的原因。

第五章　幼儿园环境创设与实践指导

学习目标

知识目标

- 了解幼儿园活动区环境创设的原则。
- 理解常规活动区环境创设的相关内容。
- 掌握班级活动区设计的内容。

技能目标

- 具备对不同活动区进行材料投放的能力。
- 能够对常规活动区进行环境设计。

情感目标

- 逐步激发想象力，在艺术欣赏中进行艺术创造。
- 具备开展环境创设的基本素质。

内容导航

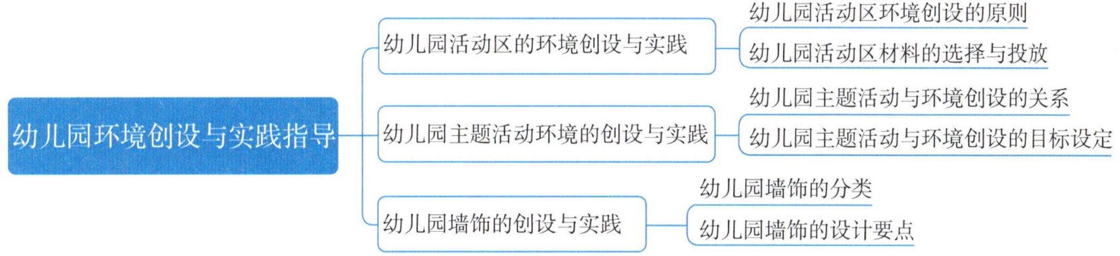

案例导入

区域活动时间一到，孩子们便满怀期待地根据自己的兴趣和喜好，分散到了各个活动区域。然而，王老师留意到阅读区显得格外冷清，没有孩子主动选择。于是，她温柔地发起询问："有哪位小朋友愿意到阅读区去探索书海，享受阅读的乐趣呢？"或许是因为孩子们正沉浸在各自的活动中，他们起初没有立即注意到王老师的呼唤。见状，王老师稍稍提高了音量，用更加吸引人的方式再次提议：“嘿，小朋友们，今天有没有勇敢的小勇士愿意成为‘故事大王’，在阅读区里为大家讲述精彩的故事呢？”这次，小宇从热闹的建构区中抬起头，兴奋地举起了手，大声回应：“老师，我去！”随后，受到小宇的感染，几位原本在其他区域活动的孩子也纷纷改变主意，带着好奇与期待，陆续加入阅读区的行列。

刚开始，小宇等几名幼儿都各自拿着自己喜欢的图书，认真地看着，嘴里不停地讲述着“故事”。可是没过一会儿，他们就开始随意地乱翻书，有的甚至躺在泡沫垫上翻滚起来。王老师走过去，热情地说：“小宇，你讲的故事真好听，老师很想听一听。”听到老师这么说，小宇赶紧拿起一本图书，开始断断续续地讲起故事来。“哦，讲得真好听。我也讲个故事给你们听好吗？”听到王老师要讲故事，其他幼儿很快围坐过来。王老师开始边翻阅图书，边富有感情地讲起故事来。一旁的小宇静静地听着。讲完后，他炫耀道：“王老师，这个故事我也会讲。我来给你讲一次好吗？”说完，他很快从王老师手上拿过图书，绘声绘色地讲起了故事。在一番鼓励之后，王老师发现其他幼儿也拿起图书，尝试着讲故事给大家听，于是便去观察别的区域了。

过了一会儿，王老师又听到阅读区一片喧哗。走过去一看，孩子们七嘴八舌地说：“老师放的东西不好玩，没劲透了，要是能放些别的就好了！”“我喜欢表演木偶，不喜欢看书。”“我喜欢会动的小动物，可以边玩边讲故事，那多好啊！”有的孩子在翻跟头，看到王老师走过来，孩子们赶紧每人拿起一本书，装模作样地看了起来。还有的一边拿着书，一边不停地抱怨：“只有图书，太无聊了，真是没意思！”

请思考：

为什么没人愿意去阅读区活动？针对上述问题，教师该如何让幼儿乐于参与阅读区的活动呢？让我们带着这些问题，开展本章的学习吧。

第一节　幼儿园活动区的环境创设与实践

一、幼儿园活动区环境创设的原则

（一）教育性

教师应紧密围绕教育目标及本班幼儿的实际发展水平，采取有针对性、有策略的方法，精心选择适宜的教育内容与主题，并据此创设出既符合教育要求又贴近幼儿需求的活动区环境。

在教育性原则的指导下，活动区的活动内容设计灵活多样。一方面，它可以紧密衔接幼儿园的课程体系，作为常规教学活动的有效巩固、必要补充和自然延伸。幼儿在这些活动中不仅能复习巩固在常规课程中习得的知识与技能，还能针对那些在正式教学中未充分达成或难以触及的目标进行进一步探索与实践。此外，活动区还可作为常规教学活动的预习平台，通过提前投放相关材料，鼓励幼儿自主操作、观察和体验，为后续的教学活动积累丰富的感性经验。

另一方面，活动区也应成为幼儿自由表达和探索创造的乐园。这里的内容不必拘泥于既定的课程框架，而是应鼓励幼儿根据自己的兴趣自由发挥。只要是有助于激发幼儿潜能、促进其全面发展的活动，都应当被纳入区域活动的范畴。这样的区域环境创设，不仅遵循了教育性原则，还充分尊重了幼儿的主体性及其个性化发展需求。

（二）整体性

整体性原则在幼儿活动室的规划与设计中体现为双重含义。活动室的整体空间规划须具备统一性，即将整个空间视为一个和谐共生的整体，而非孤立分割的区域。这要求我们在构思时，不仅要关注单个区域的装饰与布置，还要从全局出发，考虑整个活动室的布局、家具的摆放以及装饰元素的协调。具体而言，活动区内的墙面设计应追求风格统一，家具的选择与摆放需注重色彩搭配和造型的和谐，共同营造一个整体而又不失个性的空间氛围。

整体性原则还强调幼儿发展的全面性。活动区的设置应全面覆盖幼儿成长的五大关键领域——健康、语言、社会、科学、艺术，确保幼儿在这些方面都能得到均衡发展。每个活动区的设立都旨在从不同维度促进幼儿情感、态度、能力、知识及技能的综合提升。此外，各活动区并非孤立存在，而应相互融合、渗透，形成一个动态互动的学习生态系统。以烹饪区为例，它虽主要归属于健康领域，但在实际操作中，幼儿不仅能掌握基本的健康饮食知识与技能，还能在准备食材、交流分享的过程中，自然而然地锻炼语言表达能力，理解并使用与食物、烹饪过程相关的丰富词汇，从而在语言领域也获得实质性发展。这种跨领域的融合学习，使幼儿的学习体验更加立体全面。

（三）共同发展

共同发展原则在幼儿活动区的规划与活动执行中占据核心地位，强调促进全体幼儿的均衡成长。首先，该原则要求我们必须紧密结合幼儿的年龄特点来设计活动区域环境。无论是小班、中班还是大班的幼儿，其身心发展均处于不同阶段，因此，活动区的设置应充分考虑并适应这些年龄差异，确保每个年龄段的幼儿都能在适宜的环境中学习与发展。

其次，共同发展原则还高度重视幼儿之间的个体差异。每个幼儿都是独一无二的，他们的成长速度、兴趣爱好、能力水平等因遗传和环境的不同而千差万别。因此，我们在规划区域活动时，必须充分尊重并理解这些差异，通过提供层次分明、多样化的活动内容和材料，满足不同能力层次幼儿的需求，确保每位幼儿都能在活动中找到适合自己的挑战，体验到成功的喜悦，从而增强自信心和学习动力。

（四）动态性

首先，活动区的设置应具备灵活性与动态性，其种类与数量应根据教育活动的深入和幼儿发展需求的变化而灵活调整。这意味着，活动区的布局不应是静态固定的，而应随着教育情境的演变不断优化与拓展。

其次，在材料的提供上，同样需要坚持动态更新的原则。幼儿的学习与发展是一个与周围环境不断互动的过程，特别是与物质材料的互动，是他们探索世界、建构知识的重要途径。因此，固定且缺乏变化的材料难以满足幼儿不断增长的需求，甚至可能阻碍其发展的步伐。

鉴于此，教师应当成为幼儿学习过程中的敏锐观察者和积极引导者，根据活动进展和幼儿的实际发展情况，不断引入丰富多样、生动形象的刺激物，以激发幼儿的好奇心与探索欲。同时，教师应有计划地更新活动区的材料，适时向幼儿介绍新材料，并创造机会让他们多次尝试、深入探索，从而维持并深化他们的学习兴趣，促进其在各个领域持续发展。

此外，材料的更新与新材料的投放策略可以灵活多样。既可紧密围绕教育活动主题和教育目标的推进来制定，也可敏锐捕捉幼儿兴趣与需求的变化，及时调整材料配置，确保活动区始终充满吸引力，成为幼儿快乐学习、健康成长的乐园。

二、幼儿园活动区材料的选择与投放

在活动区中，材料的选择与投放是一项既细致又充满挑战的任务，其复杂性源于多重因素的交织考量。首先，所选材料必须精准对接幼儿的兴趣点与成长需求，以持续激发他们探索未知的热情与动力。其次，这些材料还需有效融入教育性元素，确保幼儿在自由玩耍的过程中，能够自然而然地实现与教育目标相符的学习成果。

（一）操作性

材料作为幼儿活动的核心媒介，其操作性直接关乎幼儿参与活动的积极性与主动性。当教师精心挑选并投放能够激发幼儿操作欲望的材料时，不仅能点燃幼儿动手尝试的热情，还能有效唤起他们对活动的浓厚兴趣。

材料的操作性不仅限于让幼儿进行简单的肢体操作，更重要的是促使幼儿的手、眼、脑协调联动，实现真正意义上的身心互动。这意味着，每一次动手操作都应伴随深入的思考与探索，幼儿在与材料的每次“亲密接触”中，都能促进自身认知、情感和技能的综合发展。

幼儿的学习与发展，往往是在与材料的积极互动中悄然进行的。因此，教师应当在活动区域内精心布置，确保所提供的材料能够激发幼儿动手又动脑的活动，支持他们开展丰富多彩的游戏、探究以及与环境进行有意义的互动。这些材料不仅能让幼儿在操作中体验乐趣，还能让幼儿在思考与探索中获得成长。同时，教师还应鼓励幼儿与材料建立充分的互动，让每一次的“对话”都成为幼儿成长的宝贵契机。

（二）启发性

启发性材料是达成教育目标不可或缺的重要元素。这类材料之所以具备启发性，是因为它们内在蕴含着精妙的结构与线索，如同隐形的向导，引导幼儿顺利操作材料、深度参与活动，从而在潜移默化中获得启示与成长。此外，启发性材料之间还应保持一定的关联性，形成一个有机的整体，确保幼儿在学习与探索的过程中，既能接触到多样化的内容，又能沿着既定的教育路径稳步前进。

教师在选择与安排启发性材料时，需倾注大量心血与智慧。他们需深入了解幼儿的实际能力水平，预判幼儿在与材料互动中可能获得的发展成果，以及这些成果如何帮助幼儿达成既定的教育目标。只有当材料紧密契合幼儿的认知特点、实际能力和发展需求时，幼儿才能在积极互动中展现出前所未有的主动性与创造性，持续推动自身发展。因此，启发性材料的投放是教师智慧与爱的结晶，是幼儿成长道路上不可或缺的宝贵资源。

（三）丰富性

幼儿的学习与发展，离不开与多元材料的深入互动。为幼儿提供丰富多样的材料，实质上是为他们搭建了一个个充满挑战与机遇的学习平台。这些平台能够极大地提升幼儿的学习动力与成长潜能。因此，在每个活动区内，我们都应精心准备各类材料，既包括现成的成品，也包括待加工的半成品，以激发幼儿的创造力与想象力。同时，这些材料还应兼顾独立游戏与合作游戏的需求。例如，拼图玩具鼓励幼儿独立思考，而沙滩玩具则促进幼儿间的团结协作，满足他们探索世界和进行人际交往的双重需求。

活动区内的材料丰富多样且具有趣味性，如同磁石般吸引着幼儿的注意力，使他们能够专注于当前活动，减少因分心而频繁更换活动的现象。此外，这样的环境还有助于减少幼儿之间的冲突与矛盾，降低攻击性行为的发生，为活动的顺利进行提供有力保障。然而，我们也要清醒地认识到，材料的丰富并不意味着可以无限制地堆砌。当材料过于繁杂时，反而可能分散幼儿的注意力，影响他们深入探索和构建知识体系的能力。因此，在材料的投放上，我们应追求质量与数量的平衡，确保每一种材料都能发挥其最大的教育价值。

（四）针对性

在材料投放的策略上，首要原则是确保材料能够精准对接不同年龄段幼儿的发展需求和兴趣变化。随着幼儿从小班升入中班再到大班，他们的认知能力、动手能力以及兴趣点都会逐步发生变化，因此，活动区的材料配置也应随之进行动态调整。对于小班幼儿而言，他们正处于动作技能快速发展的阶段，因此材料的选择应侧重于操作性强且易于上手的特点，以便幼儿在动手操作的过程中获得成长。而到了中班和大班，随着幼儿手部精细动作能力和认知水平的提升，教师可以更多地引入半成品材料，并适当增加操作的复杂度。例如，为中班幼儿提供剪纸材料，以培养他们的创造力与精细操作能力。

同时，在同一班级内部，幼儿之间的发展水平往往存在显著差异。这要求教师在投放材料时，必须充分考虑每位幼儿的独特性，提供多层次、多样化的材料，以满足不同能力水平幼儿的需求。教师应通过细致的观察与分析，了解每位幼儿在各个领域的发展状况，并据此设计出由易到难、循序渐进的材料体系。例如，在串珠活动中，教师可以准备材质、大小、形状各异的珠子，让幼儿根据自己的兴趣和能力选择合适的材料进行操作。这样既能确保每位幼儿在活动中找到成就感，又能持续激发他们的参与热情和探索欲望。

（五）安全性

在幼儿与材料互动的过程中，安全性是选择和投放材料的首要考虑因素。教师必须严格筛选，确保所选材料无毒、无害、无污染，并保持高度清洁卫生，以消除任何潜在的安全隐患，为幼儿的身心健康提供保障。

针对小班幼儿，由于其探索世界的方式多以口尝手摸为主，因此在选择活动区材料时，应特别避免使用小颗粒状的物品，如纽扣、珠子、黄豆等，以防幼儿不慎误食或将其塞入身体其他部位，造成意外伤害。相反，应选择体积较大、易于抓握且不易引发吞咽危险的材料。

而对于中班和大班的幼儿，随着他们认知能力与自我保护意识的增强，教师可以适当放宽材料选择的范围，引入更多种类的半成品及废旧物品作为活动材料。然而，在选择废旧物品时，仍需谨慎对待其材质与安全性，确保这些物品不会对幼儿造成划伤、刺伤等伤害。同时，在投放前务必做好彻底的清洗与消毒工作，以去除物品表面的污渍与细菌，为幼儿提供一个安全、卫生的操作环境。

经典案例

在数学区，教师根据小班、中班、大班幼儿的年龄特点，为其设计了不同的活动内容，并通过提供材料、活动目标及活动提示来展示材料的运用，见表 5－1 所列。

表 5－1　各年龄班数学区的活动内容

年龄班	活动名称	材料提供	活动目标	活动提示
小班	三色猫	操作盒（月饼盒上贴红、黄、蓝小猫，小猫口处挖空），红、黄、蓝三色小鱼	（1）感知颜色配对。 （2）发展手指小肌肉。 （3）学说一句话“×色猫，请你吃×色的鱼”	（1）从方盒里取一条鱼放入同色小猫嘴里。 （2）边放边说：“×色猫，请你吃×色的鱼”。 （3）打开盒盖，检查盒内小鱼是否放置正确
中班	小熊找东西	大小不同的材料（玩具熊、面包图片、椅子、玩具碗）各五个	（1）通过操作，了解从大到小、从小到大的排列顺序。 （2）培养幼儿一一对应的能力	（1）将筐中的小熊从大到小或从小到大排列成一排。 （2）将面包、椅子、碗一一对应地排列在玩具熊下面
大班	自然测量	底板两块，长颈鹿、大象、熊猫、小鸡、小白兔图片各一张，树叶、小棒、小圆片若干，记录纸一张	能用正确的方法用树叶、小棒、圆片等材料测量动物身高	（1）将两块底板拼在一起。 （2）将小动物放在规定的线上。 （3）用树叶、小棒、圆片测量小动物有几片树叶、几根小棒、几个圆片高。 （4）及时记录测量结果

点评：根据不同年龄段幼儿的特点设计相应的活动内容，并提供多样的材料，能够激发他们的兴趣，促进其更好发展。

综合实训

【活动名称】小班活动室区域环境创设

【活动目的】

（1）培养学生根据幼儿特点选择区域活动内容的能力。

（2）培养学生对活动室空间进行合理规划、布局和设计的能力。

（3）培养学生根据现有条件，合理利用资源进行环境创设的能力。

【活动要求】

（1）根据小班幼儿的身心发展特点及游戏水平，设计小班幼儿的区域活动内容。

（2）根据下图所示的范例，对图所示的小班幼儿活动室进行区域环境规划设计，写出设计方案，说明自己的设计理念。要求合理运用以下设备：高柜 3 个、高架 1 个、材料架 8 个、矮书架 2 个、小柜 2 个、8 人长方桌椅 2 套、4 人圆桌椅 2 套。鼓励创造性地利用其他资源。

（3）实训结束后，教师根据表 5－2 所列的评分标准对学生进行评分。

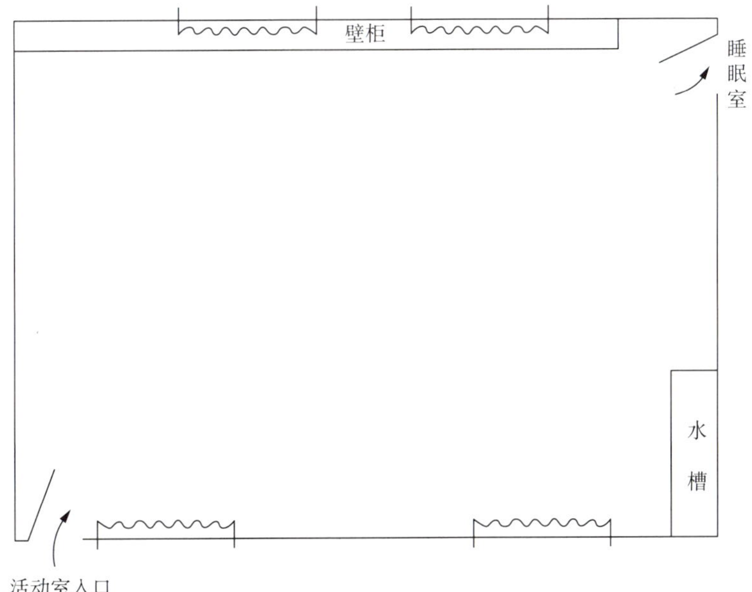

表 5－2 活动评分标准

评分项目		分数	得分
设计	科学性	20	
	创造性	20	
	准确性	20	
绘制	合理性	20	
	规范性	20	
总计		100	

案例导入

在主题活动“海底总动员”中，教师收集了各种各样的贝壳，把整个活动室布置成一个光怪陆离的“海底世界”。从屋顶到墙壁，到处都是形态各异的海底生物。在这样逼真的情境中，幼儿仿佛化身为小鱼，在海底世界自由自在地生活和学习。教师还带领幼儿前往海洋公园游玩，回来后引导幼儿将自己在海洋公园看到的情景与活动室的布置相对照，然后对活动室的环境进行改造，动手制作各种海洋生物并放置其中。

分析

教师根据主题活动进行了相应的情境布置，并让幼儿参与其中，这可以大大激发幼儿的活动积极性。

第二节 幼儿园主题活动环境的创设与实践

一、幼儿园主题活动与环境创设的关系

由于主题活动更加强调幼儿的主动探究，注重幼儿与主题环境的互动，因此与学科活动相比，主题活动中的环境创设对于主题的展开以及幼儿在主题中能力的提升显得尤为重要。具体而言，主题活动与环境创设的关系主要表现在以下两个方面：

（一）环境生成主题活动

环境作为主题活动的基石，为幼儿搭建了一个广阔的探索与学习平台。它不仅促进了幼儿之间以及幼儿与教师之间的积极互动，还为幼儿的自主学习与探索提供了强有力的支持。主题活动的灵感往往源于幼儿周围的环境，他们通过细致入微的观察与探索，能够发现许多引人入胜的现象。这些发现不仅激发了幼儿对活动的浓厚兴趣，为自然引出主题创造了有利条件，还催生了诸多富有教育价值的中心议题。

当环境中的某一元素成为幼儿热议的焦点时，教师会适时介入，引导幼儿围绕这一中心议题展开讨论，共同评估其是否具备发展为深度主题活动的潜力。以“塑料袋”主题活动为例，这一主题正是源于幼儿在日常生活中频繁接触的塑料袋。从家庭到幼儿园，从商场到超市，乃至路边的垃圾堆，塑料袋无处不在。其丰富的色彩、多样的尺寸、各异的材质以及广泛的用途，无一不吸引着幼儿的注意，激发了他们的好奇心与求知欲。

随着活动的深入，幼儿从简单的收集塑料袋开始，逐步扩展到研究塑料袋的来源、功能、对环境的潜在危害，以及探索如何将塑料袋变废为宝等多个维度。在这一过程中，幼儿不仅增长了知识、提升了问题解决能力，还培养了环保意识与创造力，使得“塑料袋”

这一主题活动在幼儿的积极参与下不断丰富和深化。

（二）环境是延伸、拓展主题活动的源泉

主题活动的顺利推进离不开完善的支持体系。一旦主题确定，教师与幼儿便携手开始营造适宜活动的环境。物质层面的准备是基础，包括精心挑选的活动材料和合理规划的活动空间。这些是主题活动得以实施的基石，缺乏这些支撑，活动将难以顺利开展。

然而，仅有物质条件远远不够，主题活动的深化还需依赖情感与认知层面的情境构建。这种情境超越了简单的物质堆砌，它要求教师与幼儿共同营造一个充满探究精神的氛围，即构建一种积极的互动关系网络。这包括教师与幼儿之间、幼儿与幼儿之间的深度交流和协作。这种互动关系的建立，同样依赖于环境的精心设计与巧妙介入。因为教育本身就是一个复杂的互动过程，而环境则是这一过程中不可或缺的要素，为各种互动关系的萌芽与发展提供了肥沃的土壤。

因此，教师应致力于与幼儿建立和谐的双边互动关系。教师既要鼓励幼儿勇敢探索，又要适时提供必要的引导与支持，让幼儿在探索过程中始终保持主体地位，享受亲手操作、亲身体验的乐趣。这样的学习氛围如同一股强大的驱动力，能够激发幼儿内在的学习与探究欲望，促进他们之间的思想碰撞与情感交流，进而推动主题活动向更深层次发展。

精选案例

在主题活动“过大年”中，教师在各个区域都准备了与春节相关的活动材料。益智区中的年历引起了幼儿极大的兴趣，他们把这些废旧年历制作成漂亮的画册、小裙子、装饰品等摆放在教室里……看着幼儿的作品，教师由衷地感到高兴。

一天，一名幼儿兴奋地把他的发现告诉教师：“挂历中的数字有的字体大小不一样。”一个发现启发了幼儿对年历的关注。随后，幼儿们发现了更多不同：每个月的天数不一样，月份与天数的排列规律不一样，年历的图案、颜色、形状、质地、厚薄都不一样……随着一个个的发现，幼儿对年历的兴趣也越来越浓。于是，关于“年历”的主题活动诞生了，并随着幼儿的探究不断深入和扩展。

【案例分析】教师在各个区域都准备了与春节有关的活动材料，是为了顺利开展主题活动“过大年”，在幼儿与年历互动的过程中，生成了新的主题活动“年历”。

二、幼儿园主题活动环境创设的目标设定

在设定主题活动环境创设的目标时，要注意以下几个方面：

（一）环境的使用主体

在规划幼儿园主题活动的环境时，首要考虑的是使用该环境的主体特征，特别是幼儿的年龄层次（如小班、中班、大班），以及参与活动的幼儿数量。这些基本因素直接影响环境创设的具体策略和布局。

鉴于不同年龄段的幼儿在身心发展上存在显著差异，教师在设计主题环境时需充分考

虑这一点，力求环境的层次性与适宜性。这意味着教师要依据幼儿的成长阶段和身心特点，灵活调整环境的复杂程度、材料的种类与难度以及指导策略，确保每位幼儿都能在适合自己的环境中获得发展。

同时，参与人数的不同也对活动空间的需求提出了相应的要求。在相同主题下，若参与幼儿较多，则需确保空间布局合理，既能让幼儿拥有足够的活动空间，又能促进他们之间有效互动与合作；相反，若参与幼儿较少，则可在空间利用上更加灵活，创造更多个性化的探索角落或学习区域。总之，环境创设需紧密围绕幼儿的实际需求与特点，为他们的全面发展提供有力支持。

精选案例

在“跌不破的蛋”这一主题活动中，幼儿们围绕着“如何保护蛋在跌落时不破碎”这一核心问题展开了探索之旅。

对于小班幼儿而言，他们天生具有模仿的天性，对同伴的活动充满好奇并乐于尝试。因此，在材料准备上，教师无须提供过多种类的材料，但应确保每种材料的数量充足，以满足他们反复尝试和模仿的需求。鉴于小班幼儿倾向于通过层层包裹来保护蛋，教师可以重点提供如厚厚的棉布、柔软的毛边纸以及可塑性强的橡皮泥等材料，鼓励他们通过动手操作来感受材料特性，并尝试不同的包裹方式。

进入中班阶段，幼儿的思维活跃度显著提升，他们开始尝试使用更多样化的材料来解决问题。此时，教师应为中班幼儿提供更为丰富的活动材料，如棉花、纱布、毛绒等，以激发他们的想象力和创造力。这些材料不仅能帮助幼儿进一步探索保护蛋的方法，还能促进他们手部精细动作的发展。

而对于大班幼儿来说，他们的思维和想象力已经达到了一个新的高度，追求独特性和创新性成为他们的一大特点。在“跌不破的蛋”活动中，大班幼儿可能会提出一系列大胆而富有创意的想法，如通过改变蛋的内部结构（如煮熟后包裹）、利用外部装置（如降落伞）减缓下落速度，或设计复杂的支撑结构来防止蛋破碎。为了支持他们的这些想法，教师需要为大班幼儿准备更加多样化的活动材料，包括各种实验器材、手工材料以及自然材料等，以充分满足他们探索未知、挑战自我的需求。

【案例分析】教师根据各年龄段幼儿的不同特点提供相应的活动材料，能够满足不同幼儿的实际需要。

（二）主题活动的目标

主题活动作为一种综合性的教育形式，巧妙融合了多个领域的知识内容与教育目标。每个领域内部又包括多个具体的教学目标，旨在促进幼儿全面发展。然而，鉴于主题活动的局限性，它无法通过一次活动全面覆盖并达成所有领域的多元目标。因此，教师在策划与执行主题活动时，需预先明确并聚焦于该活动的主要教育目标，进而围绕这些核心目标精心设计和布置相应的活动环境。

主题活动的内容与目标构成了环境创设的内在逻辑和指导原则；而环境创设则是这些

教育目标在物理空间上的直观体现与实现途径。只有当环境与主题活动紧密契合时，才能最大限度地发挥其教育潜能，为幼儿创造一个既富有启发性又充满乐趣的探索空间，促进他们在各个维度上成长与发展。因此，在着手打造主题活动环境之初，教师务必清晰界定活动的核心目标与内容框架，并以此为基石，巧妙构思和构建既美观又实用的活动环境。

精选案例

在小班“我是谁”的主题活动中，教师初步确立了以下几个方面的活动目标：明白自己是一个独特的个体；建立健康的自我形象；能表达自己的感受；能接受自己，进而能接纳他人。

这一主题活动如果从领域的角度看，主要涉及健康、社会和语言领域，这就需要从这几个方面去进行环境创设。例如，为了让幼儿“明白自己是一个独特的个体”这一目标，教师可以从以下几个方面与幼儿一起创设环境：提供幼儿照片、录音机（让幼儿听声音辨别自己）、一个幼儿能使用的全身镜（用于幼儿认识自己的形体、面貌、头发、牙齿和动作等）、画纸和颜料（在画纸上比较自己的手掌和脚掌），每个幼儿准备自己的故事，每个幼儿一天的情绪表等。有了这些材料后，就可以通过活动让幼儿了解自己有独特的名字和样貌，认识身体的不同部位，了解不同情绪的表达方式等。

【案例分析】教师针对主题活动的不同目标准备相应的活动材料以及合适的活动场所，并进行合理的指导，只有这样才能实现预期的目标。

（三）教师的教学设计

在主题活动的实施过程中，教师的教学设计扮演着至关重要的角色。它不仅涵盖了教学方法的选择，还涉及整体教学思路的规划。就教学方式而言，教师的选择多样化：有的侧重于集体教学，强调全体幼儿同步参与；有的则偏好小组活动，促进幼儿间的合作与交流；还有的教师巧妙地融合了集体教学、小组活动及个别指导，以满足不同幼儿的学习需求。这些不同的教学方式对环境创设提出了差异化的要求，例如活动空间的布局、教学资源的配置，以及教师与幼儿之间互动模式的构建等，均需做出相应调整。

从教学设计思路来看，如果教师采用的是较为传统的、精心预设的主题活动模式，其工作重心可能在于按照既定步骤提供适宜的学习材料，精心布置学习空间，并在实施过程中根据幼儿的反应灵活调整材料与空间布局。然而，如果教师秉持一种更加开放、灵活的教学思路，那么环境创设则需更加包容和丰富，提供广泛的主题相关材料，以激发幼儿的探索欲望。在此过程中，教师将扮演引导者的角色，鼓励幼儿广泛接触材料并进行深入探索，同时给予及时、精准的指导，帮助幼儿在不断地尝试与发现中逐步构建清晰的主题活动认知网络。

（四）幼儿的活动方式

在主题活动的开展过程中，幼儿的参与方式、探究深度以及所选用的学习模式，均对活动环境的构建提出了特定需求。当幼儿在教师的明确指导下参与活动时，环境创设更倾向于保持稳定和有序。材料的种类与数量经过精心考量，投放方式也显得有条不紊，活动流程安排得更加井然有序。这样的环境有助于幼儿在引导下逐步深入探索。

反之，若主题活动赋予幼儿更多自主发挥的空间，环境创设则需展现出更高的灵活性和适应性。在基本设施完备的前提下，环境需能够迅速响应幼儿探究的进展与变化，随时补充必要的材料或资源，以鼓励幼儿自由发挥想象力，实现其创意与构想。

若主题活动涉及户外探索或融入游戏元素，则其对环境的要求更为多元与动态。此时，材料配置需更加丰富多样，以满足不同探究场景的需求；场景布置需更具变化与活力，以激发幼儿的兴趣与好奇心；而教师的指导方式也需更加灵活多变，能够根据实际情况及时调整策略，确保幼儿在安全、愉快的氛围中充分体验、积极学习。

综合实训

【活动名称】“鸟是人类的好朋友”主题活动的环境创设

【活动目的】

（1）加深学生对理论知识的理解。

（2）提高学生应用理论知识解决实际问题的能力。

【活动背景】

春天的脚步越来越近，各种小鸟也相继在幼儿园安家落户。小鸟叽叽喳喳的叫声和飞翔的姿态吸引着幼儿们的注意，有的幼儿还带来了有关鸟类的图书翻阅。鸟类作为人类的朋友，却时常被当作人类的猎物。

为了培养幼儿爱鸟的情感，树立环保意识，幼儿园组织了一次亲子游活动，主题为“参观百鸟苑”，以此激发幼儿对鸟类的兴趣。参观归来后，幼儿们的话题始终围绕着鸟类，并提出了许多相关问题。看到幼儿对鸟类的兴趣如此浓厚，教师组织了“鸟是人类的好朋友”主题活动。

【活动要求】

（1）以小组为单位，根据主题内容设计该主题的网络图。

（2）结合主题活动内容，创设既与主题相融又能发展幼儿能力的室内空间环境。

（3）活动结束后，每组派一名代表分享本组的环境创设规划。

（4）教师根据表 5－3 所列的评分标准对学生进行评分。

表 5－3　活动评分标准

评分项目		分数	得分
设计方案	科学性	20	
	创造性	20	
	可操作性	20	
分享过程	讲解生动	20	
	表现自如	20	
总计		100	

案例导入

新学期开始了，某幼儿园中班茉莉班需要重新设计并制作活动室的墙饰。为此，教师请专业设计者为其设计了一幅草图。

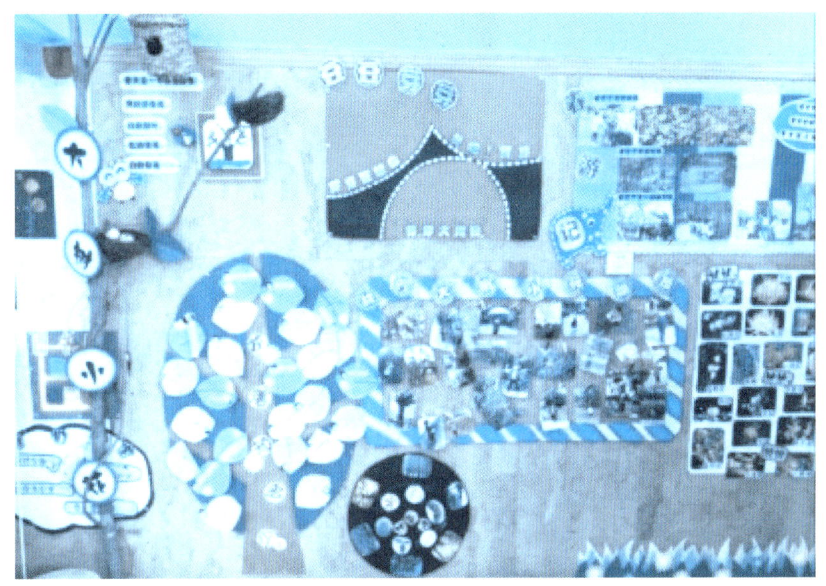

请思考：

制作该墙饰可能要用到哪些材料？

第三节　幼儿园墙饰的创设与实践

幼儿园墙饰是一门融合多种创作技艺的综合性墙面艺术。它巧妙地将绘画、雕塑、传统壁饰工艺及现代抽象艺术等多种艺术形式集于一体，不仅展现出丰富的美学价值，还蕴含深刻的教育意义。这种墙面环境装饰设计是教育性与艺术性的完美结合，旨在通过视觉艺术的熏陶，潜移默化地影响幼儿的心智成长。

一、幼儿园墙饰的分类

（一）常规墙饰

常规墙饰主要是针对幼儿园各区域和场所设计的墙面装饰，主要包括各类宣传板（栏）、睡眠室墙饰、活动区墙饰、园内环境墙饰等，如图 5 - 1 所示。一般情况下，常规墙饰使用时间较长，因此对墙饰设计的整体性和装饰性有较高要求。

图 5-1　我们的小天地

（二）主题墙饰

主题墙饰作为幼儿园各班级教室中的重要装饰元素，紧密围绕每学期的特定教育主题进行设计，涵盖主墙饰、副墙饰、各区域角落的墙饰以及环境图示等多元内容。这些墙饰设计的核心在于确保主题鲜明突出，能够直观反映当前教育阶段的核心内容与目标，从而在视觉上营造强烈的主题氛围。

为了营造和谐统一的教学环境，主题墙饰的设计风格与内容需与教室整体装饰紧密呼应，确保各元素之间的协调性与一致性。此外，鉴于幼儿园教学目标随学期更替不断调整，主题墙饰也需保持高度的灵活性与更新频率，以便及时反映最新的教学方向和重点，为孩子们提供持续、丰富且富有启发性的学习环境，如图 5-2 所示。

图 5-2　“我”设计的动物伞

（三）互动墙饰

互动墙饰是一种创新的装饰形式，它鼓励幼儿积极参与墙饰材料的筹备与创作过程，成为师生合作共创的艺术结晶。这种墙饰超越了传统美化装饰的范畴，转而聚焦于构建师生即时互动的游戏平台，以及激发幼儿创造力的展示空间。互动墙饰的设计紧密围绕幼儿的发展需求，紧密结合教育目标与教学内容，旨在通过强化幼儿的主体地位，使其在动手实践中学习、在互动游戏中成长，从而最大限度地挖掘并发挥墙饰的教育潜能，促进幼儿综合素质全面提升，如图 5－3 所示。

图 5－3　啊！危险

二、幼儿园墙饰的设计要点

教师在设计幼儿园墙饰时，不仅要努力为幼儿构建一个愉快的视觉环境，还要积极引导和支持幼儿进行游戏及各种探索活动。具体来说，要注意以下几点：

（一）应符合幼儿的心理特点

在设计幼儿园墙饰的过程中，首要原则是立足幼儿的兴趣和爱好，紧密贴合他们的认知水平与接受能力。这意味着在造型构思和色彩搭配上，需遵循幼儿认知事物的发展规律，确保墙饰能够触动幼儿的心灵，符合他们独特的心理特点。

鉴于幼儿观察世界的独特方式——他们往往聚焦于兴趣所在，忽略整体而偏好局部，甚至以夸张、简化、比喻、象征或抽象的手法重构所见，设计时应巧妙融入这些元素，以吸引并激发幼儿的好奇心与探索欲。同时，墙饰内容的选定需细致考量各年龄段幼儿的成长特点，紧密契合各阶段的教育主题与内容，确保墙饰不仅色彩斑斓、充满童趣，还能在潜移默化中融入幼儿园的教育教学，发挥其不可替代的教育价值，促进幼儿全面发展。

（二）构思要新颖，立意要独特

幼儿园墙饰的设计艺术，旨在既真实再现具体事物的形态，又追求留下深刻印象，便于幼儿识别与记忆。为此，其结构布局讲求雅致与清新的美感，巧妙运用色彩与肌理的对比手法，强化视觉冲击力，使墙饰作品既醒目又充满童趣。在表现手法上，广泛采用添加、排列、重叠、重复、夸张、变形及归纳等装饰技巧，以精练之笔提炼并简化物象形态。构图力求简洁而不失大气，注重画面结构的精妙布局、明暗关系的巧妙处理，以及点、线、面的和谐穿插与组合。通过这些设计手法，不仅展现了墙饰的直观美感，还在细微之处探寻并赋予其独特的意趣与灵魂。

（三）注重画面构图与情节的对比

在绘画艺术中，巧妙地运用形式上的对比来凸显内容上的对比，是一种屡试不爽的创意手法。同样地，墙饰设计也深谙此道，通过对比与协调的巧妙融合，营造出独特的韵律感与节奏美。画面中，冷色与暖色的交织、大与小的并置、疏与密的布局、白与黑的对比，不仅构成了视觉上的鲜明反差——抑扬顿挫、强弱交替、虚实相生、明暗互映——也在情感层面上引发了丰富的共鸣。情节安排的缓急有度、简繁相宜、美丑对照、悲喜交织，进一步加深了这种情感体验，让人感受到平和与动荡的交替、简约与富丽的碰撞、高尚与卑微的对比、欢乐与忧郁的交织。这些看似对立却又相辅相成的元素，在设计师的精妙处理下，不仅没有产生冲突，反而相互映衬，共同提升了墙饰设计的艺术价值与情感深度。

（四）应用多样的装饰手法与材料

色彩鲜明、造型生动的形象是他们最乐于接受并钟爱的视觉语言。这些形象不仅能够迅速点燃孩子们的模仿热情，激活他们的感官体验，还能在他们心中留下难以磨灭的美好印记。然而，在追求夸张与变形时，需把握好尺度，避免过度而流于荒诞。理想的装饰造型应是在尊重物象基本结构的前提下，巧妙强化其特征，使之既富有美感又易于识别，切忌脱离实际，忽视本质特征。

此外，墙饰设计应是一场创意与材料的盛宴。设计师应充分发挥想象力，巧妙运用各种材料，如树叶、树枝的自然拼贴，布条灵动地剪裁成小动物形态，彩线精心编织构成多彩图案，乃至铅笔刨花经巧手改造为小工艺品等。这些多样化的形式与材料，不仅让墙饰内容丰富多彩、形式活泼生动，充满新鲜感与真实感，还如同一扇扇窗口，引领孩子们领略美的世界，滋养他们的心灵，促进他们性格的完善与情感的升华。

（五）力求与整体环境相协调

幼儿园墙饰作为园所整体环境不可或缺的一部分，其设计构思需紧密围绕整体环境的基调展开，确保墙面装饰与自然环境及室内装修（含人工元素）和谐融合，共同营造统一且协调的空间氛围。

在细化设计过程中，需充分考虑幼儿园所处的特定地理环境及气候条件。例如，针对南北地域的气候差异，墙面色彩的选择应有所区分，以适应不同地区的视觉感受与心理需求。同时，不同功能区域如走廊与睡眠室，其装饰风格应更加注重沉静与温馨，避免过于繁复或鲜艳的装饰，转而采用低纯度、高灰度的色彩搭配（如灰蓝、黄灰、粉白、灰绿等），并通过柔和的明度对比（如淡紫与天青、粉红与奶白的组合）以及适量对比色的巧妙点缀。这样既保留了童趣元素，又能有效安抚幼儿情绪，促进他们安心休憩与健康成长。

（六）提升整体设计意境

意境，是色调的和谐、形象的生动与造型的巧妙等多种元素交织融合而成的产物。古人云："引人喜爱易，引人深思难。"在墙饰设计中，若要达到引人驻足、促人深思的境界，设计者需将个人的情感与思考深刻融入作品之中。追求意境之美，关键在于营造整体视觉效果的卓越，这要求设计者在再现自然之美的基础上，进一步强化其表现力，使画面中的景象超越现实，更为鲜明集中、典型生动。通过提炼与升华现实之美，设计出的墙饰不仅能够陶冶幼儿的性情，还能激发他们的求知欲望与探索精神，引领他们在艺术的海洋中遨游，发现更广阔的世界。

资料链接

设计墙饰时如何提升意境

在设计幼儿园墙饰时，要有意识地追求环境的整体意境，具体应从以下几个方面入手：

（1）选材：要选取最能表现主题内容、最具说服力的形象组合和优美动态，以创造富有视觉冲击力的戏剧性画面，让墙饰"会说话"。

（2）取舍：去芜存菁，精心剪裁。去掉与主题无关的烦琐细节，巧妙精简画面的构架，突出物象的主要特征。

（3）修饰变形：强化墙饰造型的特点，让丰满的更肥硕、瘦削的更修长、可爱的更灵动、狡猾的更诡异。成功的变形修饰决定了整幅墙饰设计构架的成败，因此修饰和处理造型的能力正是设计水平高低的关键。

（4）设色：意境是色调的升华，需利用色调烘托不同的意境，要善于抓住和表现特殊的色调美感，对色彩进行概括提炼，提升画面的艺术感染力。

（5）材质与技法选择：选用合适的材质与技法，也能提升墙饰设计的质量。如运用插接、剪贴、浮雕、镂空等技法与各类材质的特殊效果相得益彰，可以巧妙地增强画面栩栩如生的效果。

综合实训

【活动名称】设计制作综合材料装饰画

【活动目的】

（1）促进学生了解各种材料的特性，学习利用各种材料进行设计并巧妙运用。

（2）在选材和设计中，培养学生的想象力和创造力。

【活动要求】

（1）选取身边的废旧材料，设计一套综合材料墙饰方案。

（2）举一反三，利用收集的材料尝试设计并制作单个造型。

（3）制作一幅完整的综合材料装饰画。

（4）教师根据表 5 - 4 所列的评分标准对学生进行评分。

表 5 - 4　活动评分标准

评分项目		分数	得分
设计	设计巧妙	20	
	造型均衡协调、富有情趣	20	
	色彩把握得当	20	
制作	材料搭配合理	20	
	制作精致	20	
总计		100	

第六章　幼儿园班级管理与实践指导

学习目标

知识目标

- 了解幼儿园班级常规的内容。
- 理解幼儿园班级常规制定方法。
- 掌握幼儿园班级教学活动中师幼互动的意义。

技能目标

- 具备参与幼儿园班级规则的制定和修改的能力。
- 能够撰写幼儿园班级工作计划。

情感目标

- 逐步形成正确的价值观和道德观。
- 具备开展家园合作的基本素质。

内容导航

- 幼儿园班级管理与实践指导
  - 幼儿园班级常规建立及幼儿班级常规意识培养与实践
    - 幼儿园班级常规的内容
    - 幼儿园班级常规的制定与幼儿园班级常规意识的培养
  - 幼儿园班级教育教学管理与实践
    - 班级工作计划
    - 班级工作总结
  - 幼儿园班级教学中的师幼互动与实践
    - 师幼互动的目的和意义
    - 幼儿园班级教学活动中的提问与回应
    - 班级教学活动中的教师提问类型与适用范围
    - 班级教学活动中的教师回应类型与适用范围
  - 幼儿园家园合作与实践
    - 幼儿园班级家园合作的基本途径
    - 班级学期家园合作工作计划
    - 幼儿园班级家园合作工作的开展

案例导入

在参与小二班的项目实践期间，实习生宋宋迅速观察到李老师在班级常规管理上的卓越技巧。特别是教授幼儿学习如何折叠餐巾时，李老师巧妙地运用了“变魔术”这一趣味盎然的方法。她引导孩子们在用餐后将餐巾视为施展魔法的道具，同时轻声细语地讲述。

伴随着魔法般的咒语，老师引导孩子们按照步骤将餐巾折叠起来。虽然孩子们的动作尚显稚嫩，未能做到尽善尽美，但在这个充满乐趣的过程中，他们不仅成功完成了餐巾的整理与折叠，还在无形中培养了良好的生活习惯和自我服务能力。

【案例分析】

幼儿年龄小，良好的习惯尚待养成。在落实班级常规建立的过程中，教师的一些有效做法往往是基于经验与常识凝结而成的实践性智慧，这也是教师劳动创造性的体现，需要学生在教学实习中认真体会和学习。

第一节　幼儿园班级常规建立及幼儿班级常规意识培养与实践

一、幼儿园班级常规的内容

（一）来园

（1）幼儿携带手帕、衣着整洁来园。

（2）向教师问早、问好。

（3）接受晨检。

（4）幼儿将外衣、帽子放在固定的地方。

（二）盥洗活动

（1）逐渐掌握洗手、洗脸、漱口的方法。

（2）饭前、便后及手脏时主动洗手。

（3）根据年龄差异，逐步做到大小便基本自理。

（4）盥洗时保持地面干爽、清洁。

（三）饮食、饮水活动

（1）餐前洗手，安静入座。

（2）正确使用餐具，细嚼慢咽，不挑食，不剩饭菜。

（3）注意桌面、地面整洁，注意衣服整洁。

（4）餐后擦嘴、漱口。

（5）自己取水喝水。

（四）睡眠活动

（1）保持寝室安静，在床铺前有序穿脱衣裤、鞋袜。整理好个人物品，并将其放置在固定位置。

（2）安静入睡，睡姿正确，不玩物品。

（3）学习整理床铺。

（五）游戏活动

（1）轻拿、轻放玩教具。

（2）游戏中注意自身安全，不伤害伙伴。

（3）学习物归原处和清理活动场地。

（六）体育活动

（1）积极参加各种体育活动。

（2）能够在各类锻炼活动中注意安全，不做出危险动作，身体如有不适及时告知教师。

（3）活动前后及进行中，学会自己增减衣服。

（七）教育活动

（1）坐姿自然、端正。

（2）阅读姿势、握笔姿势正确。

（3）说话、唱歌不大声喊叫。

（4）不把学习用品放入口中。

（八）外出活动

（1）在教师的带领下，列队走路、守规则。

（2）外出活动注意安全。

（3）外出活动不随地吐痰，不乱丢垃圾。

（九）离园

（1）收拾好玩教具，整理好场地，整理好自己的物品。

（2）做一些安静的整理活动。

二、幼儿园班级常规的制定与幼儿班级常规意识的培养

幼儿园班级常规的制定应当紧密围绕幼儿的一般发展水平，确保所设定的规则与幼儿当前的能力水平和生活经验相匹配。鉴于幼儿生活经验尚浅且自律性仍在发展中，班级常规的设定不宜超越他们的普遍能力范畴。同时，教师在制定过程中还需充分考虑幼儿的年龄特点及个体差异，以确保所制定的班级常规能够精准对接本班幼儿的独特发展需求与特点。培养幼儿班级常规意识的具体方法有如下几种。

（一）规则引导法

规则引导法作为一种高效的教育策略，其核心在于通过设立清晰、易于理解的规则来

指导幼儿的行为，使之符合集体活动的规范。其目的在于保障幼儿在活动中的安全并维护良好的活动秩序。在运用此方法构建班级常规的过程中，至关重要的一环是确保主班教师、配班教师以及生活教师在规则指令上保持高度一致，通过协同合作形成教育的整体合力。

（二）目标强化法

目标强化法是一种教育策略，其核心在于教师通过及时对行为目标进行总结与强化，帮助幼儿明确并熟悉规则的具体要求，进而促使他们自发地养成遵守班级常规的良好习惯。在实施目标强化法时，教师应特别注重策略和方法的运用，坚持以正面激励为主，避免采用过于严厉或负面的手段。通过逐步引导、循序渐进的方式，教师能够有效地培养幼儿的规则意识，使他们在积极的氛围中逐渐内化规则，形成良好的行为习惯。

（三）情感沟通法

情感沟通法是一种深植于教师对幼儿深刻理解与爱意的教育方法。在日常学习与生活的互动中，教师细致观察幼儿的情绪流露，敏锐捕捉每个孩子在班级活动中的情感需求。基于这些细腻的观察，教师采用适当且贴心的方式，精准回应并满足幼儿的情感渴望，从而激发他们内心积极向上的动力，引导他们展现出更加正面、主动的行为。

（四）互动指导法

互动指导法是一种教学策略，它强调通过促进幼儿与同伴、教师以及环境材料之间的积极互动，激发幼儿的主动性、积极性和参与的有效性。这种方法不仅有助于培养幼儿的社会交往能力，还能帮助他们在实践中深化对规则的理解与遵守，从而构建和谐有序的班级环境。

课程实训

（1）请问在制定班级常规与培养幼儿班级常规意识时，如何做到既考虑幼儿发展的一般年龄特征，又尊重幼儿的个别差异性？

（2）幼儿园新建了一个户外探险活动区，很快吸引了很多幼儿的参与。假如你是一名中班老师，如何与幼儿共同制定活动规则，让他们知道规则的具体内容以及遵守规则的重要性？

案例导入

在参加项目实践时，宋老师让实习生轩轩帮忙整理这个阶段的班级常规教育教学材料。轩轩一看，发现居然有班务工作计划、周计划、月计划以及具体活动的方案，还有每个阶段的总结。她不解地问宋老师，一个幼儿园班级也需要这么多的教学材料吗？宋老师解释道，幼儿园教育教学不仅仅是在表面上开展教育活动、组织幼儿游戏，也是一个有目的、有计划的规范化管理过程。

【案例分析】

教师撰写教育教学材料的过程，是逐步积累教学经验、提炼总结，进而实现专业成长的过程。

第二节 幼儿园班级教育教学管理与实践

一、班级工作计划

幼儿园班级工作计划，亦称班务规划，是班级负责人（如班主任）基于幼儿园整体发展规划及年级组综合工作蓝图，精心制订的一项全面且细致的执行方案。此计划详尽涵盖了班级幼儿个体与集体的现状分析、特色教育环境的定位与创设标准、班级管理体系的构建（含教师职责的明确分工）、教育教学与科研活动的安排、卫生保健措施的落实、安全管理的强化、家园共育的推进，以及各月份具体活动的精心策划等多个方面。通过这一系列周密而具体的规划部署，班级教师团队能够确保班级工作有序推进，实现高效管理与教育目标的精准达成。

某幼儿园班级工作计划见表 6－1 所列。

表 6－1 某幼儿园班级工作计划

班级工作计划
班级幼儿情况分析：主要介绍本学期班级幼儿的年龄构成、人数比例、幼儿整体发展水平以及个体差异和能力等情况，并针对班级幼儿的情况进行初步的发展与养成目标设计。 例如，我班幼儿是由小班整体升上来的，各项发展指标趋于均衡。但部分幼儿与老人生活在一起，自理能力相对较弱，个性较强。因此，对于幼儿的常规管理和保教工作，我们需要从严要求，齐心协力，争取在最短的时间内帮助幼儿适应中班生活，树立自信心，快乐地度过每一天
班级工作整体思路：主要介绍班级整体所要实现的工作目标，以及班级几位老师的分工与能力特点。 例如，我班要根据《3～6 岁儿童学习与发展指南》精神，认真制订好月、周、日计划，严格按计划开展各项活动，认真填写幼儿请假登记表和交接班记录。我们要根据班级幼儿的特殊情况，做到因材施教，努力培养幼儿良好的学习习惯、卫生习惯以及优良的品质。我们班的三位教师都是幼儿园的青年骨干教师，年轻且有活力，在舞蹈、美术方面有专长，因此在班级教育特色上主要突出艺术风格。在教师团队建设方面，要团结协作，取长补短，通过每周定期召开班务会、参与年级教研培训等活动，提升教师的业务能力与班级凝聚力。教师们平时要注意节约用水、用电，做好班级的财物管理等
班级特色：结合幼儿园园本特色教育和本班幼儿年龄特点及喜好，制订具有班级独特风格和创新特色的活动计划，形成本班特色文化。 例如，我班不少幼儿特别喜欢“米老鼠”这一动画角色，因此我班主要以“米老鼠”为班级 Logo 进行“米奇风格”的环境创设和打造。在特色教育活动中，以“米奇妙妙屋”作为神秘教学场地，开展米奇厨房、米奇影院、米奇滚筒乐等特色活动，让幼儿通过各种趣味游戏在自己感兴趣的活动中学习米奇乐观、积极、勇敢的精神

（续表）

环境创设整体思路：根据班级特色文化和本年龄段学期教育教学计划内容，从主题墙到班级区角设置进行统一的安排规划。本环节主要强调班级整体环境的板块分工、创设主材料和主色调，让班级环境创设既丰富多彩又整体协调统一
教育教研工作：围绕幼儿园教科研计划和教育教学计划，制定适合本班幼儿的教育教研活动的重点内容和具体实施方法。在此过程中，需明确教师的教学教研策略
卫生保健工作：主要针对保育工作，根据幼儿园保育计划和班级保育常规工作来制定卫生保健实施策略，形成特色的卫生保健工作
安全工作：结合幼儿园安全计划和安全教育月活动，制定班级一日活动各环节的安全教育、检查及演练工作内容，特别强调本班幼儿容易忽视的具体安全问题。 例如，每天坚持对幼儿进行晨检，检查他们是否携带危险物品入园。一旦发现这种情况，立即与家长说明不能带这些物品的原因。保持教室的通风和清洁，确保区角材料的安全与卫生，定期对玩具进行消毒，预防传染病的发生。严格填写交接班记录，在户外活动后及时清点人数，并将药品与相关事项向接班教师交代清楚等
家长工作：结合幼儿园家长学校整体规划要求，制定本班家长工作要点。例如，可以定期设置家长园地，通过离园活动、家访、家园联系册、电话等方式，及时向家长介绍幼儿在幼儿园的情况，并与家长交流幼儿在家的情况。如发现问题，应及时与家长沟通，共同制定适合幼儿的教育方法
各月主要工作：结合年级组教学计划，分月制定本月的教育教学活动、安全教育、家长工作以及园所其他大型活动的内容

计划制订注意事项如下。

（1）认真学习并研究幼儿园及班组工作计划，根据幼儿园的整体部署细化并落实班级工作计划。

（2）认真分析本班幼儿的发展情况，这是制订计划的依据和基础。

（3）根据工作任务的需要和班级教师的实际情况，组织并分配力量，明确分工。

（4）制订计划时，班级全体教师应参与讨论，发挥团队智慧。

（5）计划制订后，要坚持贯彻执行。在执行计划的过程中，班主任可根据实际情况进行补充和调整，使其更加完善和有效。

二、班级工作总结

班级工作总结一般是对一个学期以来班级各方面工作进行的概括性梳理与回顾。班级工作总结应包含以下几点：

（1）叙述清晰明了，详略得当。内容需涵盖班级工作的几个主要方面，可以采用总结性文字，也可通过具体案例进行说明。

（2）既要肯定成绩，又要敢于暴露问题和缺点。

（3）善于反思总结。对前期工作的经验和教训进行初步的总结、分析。

（4）明确今后的努力方向。结合今后的工作任务与要求，在总结以往工作经验的基础上，明确努力方向并提出具体的改进措施。

某幼儿园班级工作总结见表 6－2 所列。

表 6－2 某幼儿园班级工作总结

<table>
<tr><td>时间</td><td>2019 年 2 月 6 日</td><td>班级</td><td>凯蒂班</td><td>保教人员</td><td>江老师　孟老师　田老师</td></tr>
<tr><td colspan="6">在紧张与忙碌之中，又一个学期过去了。回顾整个学期，我们班的教师均能认真遵守本园的规章制度，关爱幼儿，热爱本职工作，在自己的岗位上兢兢业业地工作。对照学期初的工作计划，现将本学期常规工作总结如下。
一、班级工作
我们班的幼儿都是刚入园的新生。在幼儿入园前，我们召开了家长会。通过与家长交流、沟通，我们对每位幼儿的个性特征、兴趣爱好以及生活自理能力等方面进行了调查。在幼儿入园之前，我们已大致了解了他们的情况，这为幼儿在入园后短时间内适应幼儿园生活奠定了良好的基础。幼儿入园后，为了缩短他们的分离焦虑期，我们根据幼儿的特点，在活动中组织了大量游戏。通过这些游戏，我们引导幼儿尽快适应幼儿园的生活。同时，我们密切保持与家长的联系，请家长配合完成幼儿入园阶段的各项工作，以帮助幼儿缩短分离焦虑期。通过一系列活动，我班幼儿很快适应了幼儿园的生活。
本学期我们还开展了活动区活动。老师们克服种种困难，不仅圆满完成了教学工作，还积极进行了区域材料的填充，带领幼儿有效地开展了区域活动。在分享阅读课上，教师们配合默契，幼儿参与度高。在本学期的教育教学考核中，我们的教育教学活动也得到了领导和同事们的一致好评。
在教育教学过程中，我们注重与家长的沟通与联系。本学期举办了两次家长开放日活动。家长们与幼儿一同上课，一起做游戏，并观摩幼儿在区域活动中的表现。这使家长们感受到幼儿在幼儿园是快乐的。
二、卫生保健及常规教育
（1）做好班级内外卫生，按要求将班级物品分类摆放整齐，教育幼儿爱护班级物品。
（2）照顾好幼儿进餐，教育幼儿不挑食、珍惜粮食。
（3）教育幼儿多喝水，饭后不做剧烈运动。
三、家长工作
（1）利用入园及离园时间有针对性地与家长交流沟通，交换意见，使家园教育步调一致。
（2）与家长建立短信联系，进行个别幼儿的家访工作，邀请家长参加六一儿童节庆祝会并提出宝贵意见。
（3）根据气温变化提醒家长为幼儿及时增减衣物、更换被褥。
（4）继续根据主题活动的需要，请家长及时向幼儿介绍相关知识，与幼儿共同进行观察和制作活动，以丰富幼儿的相关经验。
（5）向家长及时反馈幼儿的在园表现，与家长互换意见。
四、安全工作
本学期，我们始终将班级安全工作置于首位，严格遵守上岗制度，确保了无任何安全事故发生，切实保障了幼儿的安全。
本学期，我班三位教师较为圆满地完成了各项工作。不过，仍存在一些问题，如幼儿在园行为习惯需进一步巩固、集体教育活动质量有待提升等。下学期，我们将努力在班级区域活动的形式与内容上有所创新，进一步加强家园联系，做好集体教育活动的组织与实施工作，力争将工作做得更好，争取更大的进步</td></tr>
</table>

课后实训

（1）在指导教师的协助下，收集实习所在幼儿园的学期园务工作计划。

（2）在指导教师的协助下，查阅并完善实习所在班级的工作计划或班务计划。

（3）在指导教师的协助下，查阅并完善实习所在班级上一学期的班级工作总结。

案例导入

青年教师自主策划并实施了一次集体教育活动后，普遍产生了一种深刻的体会：与资深教师精心设计的集体教育活动相比，他们自行组织的活动在流畅性和吸引力上显得较为生硬与不足。特别是在互动提问环节，随着问题接连抛出，孩子们的兴趣似乎逐渐减弱，开始表现出心不在焉。有的歪歪斜斜地坐着，有的四处张望，甚至沉浸于自己的小世界。教室里也随之弥漫起一阵不易察觉的嘈杂声。这次经历让青年教师深刻意识到，组织一场既生动有趣又能有效吸引孩子注意力的教育活动并非易事，需要更多的技巧和经验积累。

【案例分析】

在集体教育活动开展过程中，有效的导入、灵活多样的提问以及高质量且具有启发性的回应是教师教育教学能力的重要体现。这些技能都需要教师认真观摩、体会和积累。

第三节　幼儿园班级教学中的师幼互动与实践

一、师幼互动的目的和意义

师幼互动的宗旨在于深化师生之间的情感联结，并以此为基石，推动幼儿身心健康发展。其质量高低，直接成为衡量保育教育质量的重要标准，深刻影响着幼儿成长轨迹的塑造。优质的师幼互动如同催化剂，积极促进幼儿在各个发展维度上的正向成长；反之，若师幼互动欠佳，则可能成为阻碍幼儿健康发展的不利因素，对其成长产生消极影响。因此，优化师幼互动模式，提升师幼互动质量，对于保障幼儿健康发展具有不可估量的价值。

（一）良好的师幼互动的基本特征

良好的师幼互动应具备下七个特征：

（1）每个幼儿的身心能力在原有基础上得到适当发展。

（2）每个幼儿的各种需要都得到适当关照。

（3）每个幼儿都有同等的机会。

（4）幼儿的主体性都得到充分的发展和发挥。

（5）每个幼儿都能感受到教师的关爱。

（6）师幼开启互动和应对互动的时机合适，有利于师幼互动向积极方向发展。

（7）师幼开启的互动都受到同样的重视。

（二）良好的师幼互动对幼儿身心发展的意义

良好的师幼互动对幼儿身心发展具有以下三种意义：

1. 调动幼儿探索周围世界的积极性

例如，教师的有效提问有助于激发幼儿探索周围世界的欲望；教师积极而有效地回应幼儿的提问，不仅能进一步激发和满足他们的探索欲望，还能培养他们良好的思维品质。

2. 促进幼儿社会性的发展

比如，师幼互动中约束纪律有利于幼儿养成良好的学习、生活及与人相处的习惯；师幼互动中的问候式互动、求助式互动、询问式互动和请求式互动等有利于幼儿学会交往中的文明礼貌行为及其相关技能；师幼互动中幼儿帮助教师做事，有利于幼儿养成乐于助人、有责任感等良好品性。

3. 满足幼儿的情感需要

任何形式的师幼互动均具备加强师生情感交流的潜力，构成了满足幼儿情感需求的有效途径。例如，通过互动中的情绪安抚与共同参与游戏，幼儿能够有效释放内心压力，摆脱负面情绪的困扰。而提问式互动、帮助与求助式的交流，同样能够增进师生间的情感互动。在互动过程中，教师展现出的尊重、关爱、支持和鼓励，对于幼儿而言，是构建积极情绪、获取安全感的关键。这种正向的情感环境有助于幼儿建立和谐的人际关系，进而对其自信心和自尊感的培育产生深远的、积极的影响。

二、幼儿园班级教学活动中的提问与回应

在幼儿园班级教学活动中，有效的提问与适时的回应是教师运用语言艺术、与幼儿建立互动的核心教育教学技能。这一互动过程不仅帮助幼儿回顾以往的经验，还引导他们仔细观察、自由想象，深入理解活动材料及其对象的情感与态度，从而激发幼儿主动思考和创造力。面对多样化的教育场景，教师的提问策略需灵活应变，时而采用设问来引发思考，时而运用反问促进反思，确保提问紧扣幼儿的发展实际、学习活动特点及教育目标需求，实现提问的针对性和启发性并重。高质量的提问旨在激发幼儿内在的探索欲望，推动其学习活动持续深入。同时，回应作为互动中不可或缺的一环，要求教师敏锐捕捉幼儿的需求，给予及时、恰当的反馈，以强化师幼间的情感联系和认知共鸣。综上所述，有效的提问与高质量的回应共同构成了教育活动中师幼互动的基本框架和精髓。

三、班级教学活动中的教师提问类型与适用范围

教师提问类型与适用范围，见表 6－3 所列。

表 6－3　教师提问类型与适用范围

类型	适用范围	实例
事实判断型	教师列举一些事实或情形，让幼儿进行辨别和判断	一个小朋友走路去上学，另一个小朋友让奶奶背着去上学。这两个小朋友谁做得对，谁做得不对

（续表）

类型	适用范围	实例
引导描述型	引导幼儿在观察过程中主动运用分解、比较、总结特点等各种思维方法，对事物的形状、颜色、表情、动作等进行描述	注意观察这座房子的屋顶、墙面和地砖，颜色分别是什么
回忆提取型	一般在各教学活动的初期阶段运用，要求幼儿主动回忆所听、所记内容，用于建立新旧知识的联系	在小马过河的故事里，老马对小马说了什么？小马怎么是说的？又是怎么做的
比较分类型	要求幼儿通过进一步观察图片和物品，比较事物的异同，从而把握事物的细节或本质差异	注意观察猫和狗的脚爪有什么不同
递进理解型	要求幼儿在思考已有知识与经验的基础上，运用自己的语言表达对事物的看法。这类问题的主要目的是考查幼儿对某些知识或动作原理的理解，属于针对事物本质的一种提问类型	你认为故事中的小猫怎么样？它为什么钓不到鱼？它应该向谁学习
总结评价型	在教育活动中，教师引导幼儿对自然现象、社会现象或文学作品中的人物、行为进行评价，并提出自己的见解	在老虎和黑熊这个故事中，你认为老虎和黑熊哪个做得更对？为什么

四、班级教学活动中的教师回应类型与适用范围

教师回应类型与适用范围，见表 6 - 4 所列。

表 6 - 4　教师回应类型与适用范围

类型	适用范围	实例
忽视型	幼儿的一些干扰性提问或者回应	好的，我知道了，请你和其他小朋友一样先认真上课
重复型	需要教师进一步澄清问题，或者帮助幼儿澄清问题	我们能不能这样理解……
反问型	激发幼儿从另一个角度思考或分析	这只鸟既会飞翔，也会游泳，它是怎么做到的呢
开放型	多样化的问题解决方案	我们看看还有没有其他解决问题的方法
总结型	帮助幼儿做认知上的总结和提炼	今天我们回顾一下我们身体里的细菌，哪些是好的，哪些是有害的

课后实训

（1）根据案例，判断教师运用了什么方法导入教育活动。

【案例链接】

小班健康领域活动：小猴运水果

老师："小朋友们，你们有没有见过猴子？知道猴子喜欢吃什么吗？桃子，对了。还有吗？香蕉、苹果，也对。猴子最喜欢吃各种水果了。今天呀，有一群小猴子在山坡那一边发现了许多水果，我们一起帮小猴子把水果运回家，好吗？"

（2）根据案例，判断教师运用了什么方法导入教育活动。

【案例链接】

小班语言活动：捉迷藏

在组织"捉迷藏"活动时，一开始，老师告诉小朋友："今天我们和小动物一起玩捉迷藏的游戏。你们快找一找小动物藏在了什么地方。找到的小朋友可以用语言描述一下小动物藏在哪里。"教师通过游戏的方式引出了"捉迷藏"这一新内容。

（3）根据案例，完成表 6－5 所列内容。

【案例链接】

"小问号"活动片段

幼儿在学习完儿歌《小问号》后，提出了自己的疑问。

幼：长颈鹿的脖子为什么那么长？

幼：鱼为什么要生活在水里呢？

师：好，现在我们来看一下，这些问题中哪些能解决，哪些不能解决。

幼：我知道长颈鹿的脖子为什么这么长，因为它要吃高处的树叶！

师：那大熊猫要吃竹子，为什么脖子不长？你的这个回答不太准确。

幼：它（熊猫）不用吃上面的叶子。

师：书上是这样说的——在恐龙灭绝的时代，树叶变得稀少，长颈鹿生命力顽强。为了够到更高的树叶，它们的脖子变得越来越长。

幼：那长颈鹿的脖子原先是很短的？

师：（略显不耐烦）究竟原先是长的还是短的，我也不确定，你们回去查一下书。

幼：我妈妈说长颈鹿一生下来脖子就是很长的，后来越来越长了……

师：（将书合上，表示不愿再讨论长颈鹿的问题）你去查一下资料，万一有误怎么办？我们继续讨论下一个问题。还有哪位小朋友能够解决问号中的问题？

表 6－5　教师提问与回应质量评价

评价项目	较好（4 分）	尚好（3 分）	一般（2 分）	较差（1 分）
关注幼儿成长体验与成长需求具有一定的教育敏感性				
提问与回应的方式符合幼儿的一般发展特点和语言发展特点				

（续表）

评价项目	较好（4分）	尚好（3分）	一般（2分）	较差（1分）
能够在提问和回应中营造一种民主、平等、轻松、活泼的师幼互动气氛				
有启发性，能激发幼儿积极思考				
得分				
整体定性评价				

案例导入

中班的小朋友月月，是一个既聪慧又懂事的小女孩。某日，月月的家长向教师反映了一个问题，称在早餐时段，老师似乎没有给月月分配汤品，并且在分发馒头时，月月总是拿到最小的那个。家长希望了解背后的原因。尽管随后老师做出了详细解释，但家长的疑虑仍未完全消除。

为了澄清这一误会，老师在之后的几次用餐时间里特别关注月月的行为。果然，在一次用餐时，老师发现月月趁着无人注意，悄悄将自己的汤倒入了洗涤间的水槽。老师立刻用手机记录下这一幕作为证据。

当日下午，月月的妈妈来接孩子时，老师向家长展示了这段“视频证据”。看到真实情况后，月月的妈妈恍然大悟，之前的误会也随之烟消云散。

【案例分析】

幼儿年龄小，生活经验欠缺，幼儿园教师应主动做好与家长的沟通。这是实现家园合作和顺利开展教育工作的重要前提。

第四节　幼儿园家园合作与实践

幼儿园作为幼儿成长旅程中的首个集体学习与生活舞台，扮演着至关重要的角色。然而，不可忽视的是，幼儿家庭作为他们成长的摇篮与终身学习的起点，其影响力深远且持久。尤其是家庭成员，特别是主要抚养者，在日常的点滴中塑造着幼儿的性格与习惯。尽管家庭和幼儿园在教育幼儿的总体目标上保持高度一致，但在具体的教育观念、实践方式及采用的方法上，两者间却常显露出显著差异。

对于首次将幼儿送入幼儿园的家长而言，面对孩子即将适应集体生活，往往伴随着一定的担忧与焦虑。在此情境下，班级教师应秉持“尊重、平等、合作”的原则，积极倾听并尊重家长的意见与需求，主动搭建家园沟通的桥梁，促进双方的合作与理解。通过有效的家园合作，我们能够充分发挥家庭教育与幼儿园教育的互补优势，形成教育合力，共同为幼儿的全面发展创造更加有利的条件，实现真正意义上的家园共育。

一、幼儿园班级家园合作的基本途径

（一）幼儿入园和离园环节

在幼儿入园和离园过程中，教师可有针对性地与家长交流，并协调家园共育的相关问题。

（二）校园开放日活动

幼儿园定期举办亲子活动、节日联欢、家长沙龙、家长开放日等活动，能够增进教师、家长与幼儿之间的感情，促进家园合作。

（三）教师家访工作

教师可以根据幼儿园工作计划或具体工作需要开展家访工作。

（四）班级家园之窗

在幼儿园活动室门口设立家长园地，家长可通过该栏目向教师提出意见和建议。

（五）家长委员会工作

家长委员会由几位个人时间较为充裕、文化素养较高、具有良好育儿观念的热心家长组成。其主要职能是为广大家长搭建桥梁，帮助他们深入了解幼儿园的工作规划、教学目标及日常要求。同时，家长委员会还积极协助幼儿园开展各类工作，确保教育活动顺利进行。

此外，家长委员会还承担着收集并反馈家长意见与建议的重要职责。他们及时将家长对幼儿园工作的看法、需求及改进建议传达给园方，为幼儿园的发展提供了宝贵的参考。通过这一双向沟通机制，家长委员会不仅促进了家园之间的紧密合作，还推动了幼儿园各项工作的持续改进与优化。

（六）《家园联系手册》

教师通过《家园联系手册》向家长反映幼儿在园的生活和学习情况。

（七）家长学校

幼儿园可以组织家长学校，系统地向家长传授科学的育儿知识，与他们交流家庭教育中存在的问题，根据家长的需求举办各种专题讲座，并组织家长就共同关心或感兴趣的问题进行交流研讨。

二、班级学期家园合作工作计划

幼儿园班级应根据学期整体工作计划，制订班级学期家园合作工作计划。在制订该计划时，需充分考虑幼儿的年龄特点以及学期内的自然环境与活动节奏变化，确保合作内容的适宜性与时效性。

具体而言，班级学期家园合作工作计划应涵盖家园合作的各个方面，包括但不限于幼儿成长目标的共同设定、家庭与幼儿园教育资源的有效整合、亲子活动的创意策划与执行等。在设计合作内容时，教师应注重活动的多样性和趣味性，以激发幼儿的兴趣，提升幼儿的参与度。同时，合作过程的设计应体现互动性和协作性，鼓励家长积极参与，与幼儿园形成紧密的合作伙伴关系。某幼儿园 2016—2017 年上学期苗苗班家园合作工作计划见表 6－6 所列。

表 6－6 某幼儿园 2016—2017 年上学期苗苗班家园合作工作计划

时间	内容安排	落实情况
2016 年 9 月	1. 召开学期初家长会，重点做好新生家长工作，落实安全事项并与家长签订安全责任书。 2. 班主任开通班级微信，与家长进行沟通，积极汇报幼儿在园的一日生活情况，发布育儿知识。 3. 在中秋节期间，向家长分发告家长书，告知放假期间的安全注意事项	
2016 年 10 月	1. 国庆节期间向家长分发“告家长书”，并举行国庆主题教育活动。 2. 设置幼儿作品展示栏，及时向家长展示幼儿作品。 3. 设置家长委员会	
2016 年 11 月	1. 召开家长会，进行阶段性小结，开展各类谈心活动，举行“家长开放月”系列活动。 2. 开展礼仪教育讲座，邀请家长参加	
2016 年 12 月	1. 要求家长参与幼儿园的主题活动评价及幼儿评价。 2. 向家长宣传冬季常见疾病的预防知识。 3. 发布元旦放假通知，并告知家长假期的安全注意事项，提高家长的安全意识	
2017 年 1 月	1. 举行亲子活动和家长开放活动。 2. 发放《幼儿寒假生活指导》和《告家长书》。 3. 撰写家长工作总结。 4. 召开期末家长会，开展家访工作	

三、幼儿园班级家园合作工作的开展

幼儿园开展班级家园合作工作的方式有多种，班级家园合作工作的开展应注意以下几个方面：家长委员会的建设、家长开放日活动的组织、家长日常接待与约谈、教师家访以及班级网络沟通平台的搭建等。

（一）家长委员会

《幼儿园工作规程》指出：“幼儿园应成立家长委员会。”幼儿园应当通过家长委员会定期开展相关工作，加强幼儿园与家庭之间的沟通和了解，进一步完善家园共育机制。

1. 家长委员会的成立

家长委员会一般由主席、副主席、宣传委员、组织委员、财务人员等组成。教师在家长委员会选举前，应明确告知家长委员会的职能及成员选举的标准和流程，让家长根据个人意愿进行公开报名。

家长委员会成员及岗位设置确定后，应在幼儿园公示栏及其他多种渠道公布成员名单及工作分工情况。

资料拓展

幼儿园家长委员会组建通知

尊敬的各位家长：您好！

为进一步实现家园共育，挖掘家庭与社区教育资源，保障家长民主参与管理幼儿园的权利，我园将于9月25日成立家长委员会。家长委员会由每班推选出两位家长组成，家长委员会定期开会，每学期至少开一次，必要时可召开临时会议。

家长委员会成员应具备以下条件：

（1）有爱心、责任心，愿意为家长和幼儿园热心服务，具有一定的奉献精神；

（2）应具备一定的组织能力、表达能力和沟通能力；

（3）能保证参加家长委员会的活动，并积极提出意见和建议；

（4）具有一定的专业背景，关心幼儿园教育教学质量的提升。

请家长密切配合我们的工作，并于9月8日前到幼儿所在班级老师处报名。具体情况可以咨询各班老师或园长。

2. 家长委员会工作的开展

每学期开学之初，班级教师会组织家长委员会代表召开一次座谈会。会议旨在向家长介绍本学期幼儿园在幼儿生活、教育教学等方面的详细规划，并邀请家长就关心的议题进行初步探讨，为家长委员会的后续深入讨论奠定基础。在推进家长委员会工作的过程中，班级教师需特别注意以下几个方面：

首先，确保班级教师与家长相互理解和信任，这是推荐家长加入家长委员会的重要前提。只有在双方深入了解的基础上，才能保证被推荐的家长切实代表广大学生家长的利益，积极参与家长委员会的工作。

其次，为保持家长委员会的活力与代表性，每学年应适时调整其成员构成，鼓励更多家长参与班级和幼儿园的管理，分享他们的智慧与经验，共同为幼儿的成长贡献力量。

最后，值得注意的是，家长委员会或班级家长代表的角色应聚焦于决策咨询、意见反馈等层面，而非承担幼儿园或班级的日常事务性工作。教师应明确界定家长委员会的职责范围，确保其在适当领域内发挥作用，避免增加其负担，同时保持与家长的紧密合作与沟通，共同促进幼儿教育的发展。

（二）家长开放日活动

幼儿园家长开放日活动作为家园共育的一大亮点，是指幼儿园在特定时段内向家长全面开放其教育教学环境及活动。这一活动不仅为家长提供了深入了解幼儿园日常运作的窗口，还通过定期或不定期邀请家长亲临现场观摩集体教学、游戏互动等环节，从而增进家长对幼儿园课程体系、教学方法及幼儿日常作息管理的了解。在此过程中，家长能够直观体验教师的工作环境与职责，加深对幼儿园教育理念的认同。

家长深度参与家长开放日活动，不仅有助于全面了解孩子的学习与发展状况，还能有效消除对幼儿园教育的疑虑，建立更加信任和谐的家校关系。值得注意的是，家长开放日活动与亲子活动虽有相似之处，但各有侧重：在家长开放日活动中，家长主要扮演观察者的角色，静观教师与幼儿的互动；而在亲子活动中，家长则作为积极的参与者，与幼儿一同在教师的引导下完成各项活动。

为确保家长开放日活动顺利进行，幼儿园需进行精心策划，包括前期的详细规划与准备、活动当天的有序执行，以及后续的总结交流与反馈收集。这一系列工作旨在最大限度发挥活动的教育作用，促进家园共育的深入发展。

1. 设计邀请函并发放

幼儿园家长开放日活动邀请函内容与格式如下：

案例

大班区域游戏开放活动邀请函

亲爱的家长朋友：您好！

为了让家长了解幼儿在园学习情况，我园将于××年××月××日上午九点在各班举行区域游戏开放活动。这是我园教育科学研究成果的一次集中展示，希望家长们在观察孩子的同时，能够根据幼儿园提供的观察材料进行分析。活动后，我们将与家长们共同探讨。希望我们的区域游戏教学活动能够给您的家庭教育带来启发，为高品质的家庭教育助力。

希望家长积极参加本次开放日活动，有需要向单位请假的家长可以到幼儿所在班级老师处领取通知单。

我们诚挚地期待您的到来！

××幼儿园××班

××年××月××日

2. 做好家长开放日活动计划

家长开放日活动计划见表 6－7 所列。

表 6－7　××年上学期小班家长开放日活动计划

活动目标	(1) 让家长直观地了解幼儿园课程、教育教学工作。 (2) 感受幼儿一日生活。 (3) 感受集体教育情境。 (4) 体验教师工作的特点。 (5) 让家长参与监督幼儿园工作

（续表）

开放时间	××年××月××日星期三 9:00—11:00
开放内容	幼儿园班级半日活动
主要项目	小班主题教育活动：小鸭过河（小一班）
组织与管理	（1）家长到班后，指引家长填写家长签到表。 （2）在活动开展前，可以举行一个简短的家长会，向家长展示班级的学期计划、月教学计划、周教学计划以及幼儿的日常作品，使家长更好地了解孩子在幼儿园的生活和学习情况。 （3）发放幼儿园家长开放日活动记录反馈表，让家长对幼儿园的学习活动、游戏活动、户外游戏活动进行评价。 （4）广泛收集家长对活动的感想与建议，邀请家长对本次活动进行评议，并听取家长对幼儿园班级工作的意见和建议
教师教育教学要求	教师应主动向家长介绍活动的设计意图、主要活动环节与流程，展示幼儿园教育教学活动的特点，并能够解答家长的疑问
家长观摩重点	（1）幼儿大肌肉动作技能掌握情况。 （2）幼儿能否听懂教师指令并按指令参与活动。 （3）幼儿能否愉快地参与集体教育活动。 （4）幼儿能否排队参与集体活动

3. 家长开放日活动的注意事项

第一，要注意安全问题。在家长开放日活动中，由于参加人数较多，幼儿情绪高涨，容易过度兴奋，因此教师需重点关注幼儿的安全问题。

第二，要公平对待每一名幼儿。在活动开展的细节上，教师要热情对待所有幼儿，切忌过多关注个别幼儿，以免引起不必要的误解。

第三，要体现出专业性。教师在处理活动中的幼儿行为时，应保持冷静，并展现出专业的素养。

第四，要注意过程资料的收集。为幼儿成长与幼儿家庭留下宝贵的资料。

课后实训

（1）幼儿园拟在大班幼儿在园的最后一学期开展一次综合式家长开放日活动。请设计一个大班家长开放日活动方案。

（2）在实习期间收集幼儿园家长与教师所关注问题存在差异的案例并进行分析。

（3）案例：新入园的幼儿情绪都不太稳定，老师们忙得不可开交，这个需要抱，那个需要哄。就在这时，新的问题又出现了。轩轩刚被哄好，露露又大哭起来。我连忙跑过去，问她怎么了。露露一边哭一边用手指着对面的小朋友，说："她（甜甜）咬我。"我看到露露的手指上有一个深深的齿痕，心里也很心疼。我抱着轩轩，又安慰露露，轻轻地吹了吹露露的小手指，然后对甜甜说不可以咬小朋友。然而，甜甜却若无其事。这已经是甜甜本周第三次咬人了。

请根据上述案例，协助教师设计一个家长约谈的方案。

(4) 案例：珠珠已经进入小班的第二学期，但经过两个学期，她仍然非常不愿意讲话。她喜欢用点头或摇头来表达喜欢或不喜欢，且总是满脸通红，用极小的声音勉强说出一个字。

请根据上述案例，协助教师设计一个家长约谈的方案。

第七章　幼儿教师艺术能力培养与实践指导

学习目标

知识目标

- 了解简笔画的概念和特点。
- 理解简笔画对幼儿发展的意义。
- 掌握不同阶段简笔画的绘画特点。
- 了解学前儿童歌唱活动包含哪些知识和技能。
- 掌握学前儿童歌唱活动作品选择的方法。
- 理解学前儿童歌唱活动的教学要求。

技能目标

- 具备根据年龄特点规划和指导简笔画创作的能力。
- 能够对不同类别的事物进行观察与简化创作。
- 能够制订学前儿童歌唱活动的授课计划。
- 能够掌握幼儿歌曲的弹唱技能。

情感目标

- 逐步培养敏锐的观察力、迅捷概括画面的能力和创新意识。
- 培养和提高学习者的艺术感受力。
- 具备果断表达情感的心理素质。
- 体会学前儿童歌唱活动在学前儿童音乐教学活动中的重要性。

内容导航

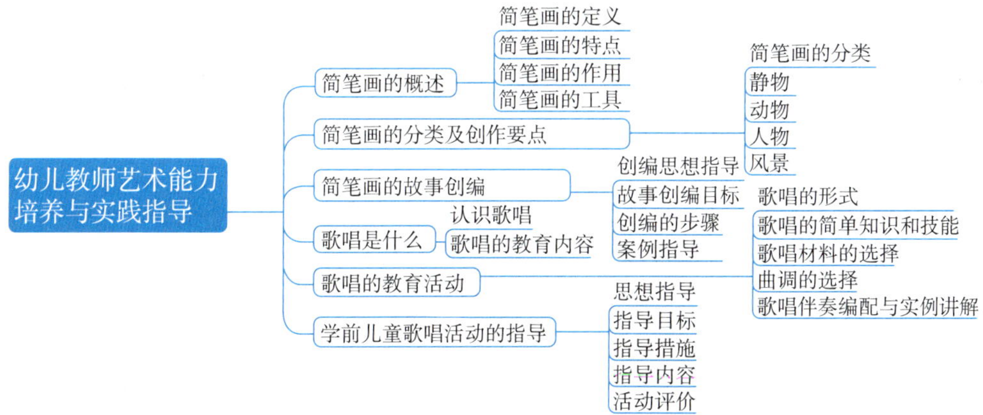

案例导入

作为幼儿教师，你如何看待幼儿思维发展阶段的理解能力？如何将幼儿的认知内容进行具象表现，让幼儿更便于理解？让我们带着这些问题开始本章的学习吧。

请思考：

李老师是一位小学语文教师，她发现学生们在阅读课文时经常对一些抽象的概念或场景感到困惑。为了帮助学生更好地理解这些内容，李老师决定尝试使用简笔画来辅助教学。

第一节　简笔画的概述

一、简笔画的定义

简笔画用简洁洗练的笔法，概括地勾勒出物象的基本特征。它是通过观察、记忆和手绘等活动，提取客观形象中最典型、最突出的特点，以平面化、程式化的形式和简洁的笔法，表现出既有概括性又具可识别性和示意性的绘画形式。

二、简笔画的特点

1. 简略化

简笔画的绘画者对所描绘的对象进行高度概括，绘出的简笔画图形简练、线条流畅，以寥寥数笔传神写意。

宇宙万物，无论是动物、植物、日常用品，还是自然界，乃至我们人类，无论其外形特征多么复杂，它们都具有各自最主要的特征。学习简笔画正是让我们学会观察事物，揣摩其主要特征，找出最具代表性的特点，并用尽可能少的线条将其描绘出来。

2. 平面化

简笔画形象鲜明、准确，生动大方。先运用线条、方形、圆形、三角形、梯形等基本形状概括出物体的大致外形，然后逐步添加其他细节。同时，需注意各种物体的不同构件分别由哪种基本形构成，并且要准确把握各部位的比例。

3. 符号化

动物、植物及日常用品种类繁多，形态各异，结构复杂。它们的动态千变万化，在表现上具有一定难度。然而，通过分类的方法，运用符号化的艺术语言，抓住不同类型事物的典型形态及局部特征，便能掌握其画法。例如，走兽家禽类的身体可概括为头、颈、躯干、四肢、尾巴几个主要部分。这几个部分的组合关系决定了其基本形态。躯干可用几何形状概括，头部则有尖、圆、长、方等不同结构，而尾巴则有长短、大小之分。

三、简笔画的作用

1. 简笔画的功能

（1）有利于培养幼儿的想象力

亚里士多德曾说过："想象力是发现、发明等一切创造活动的源泉。"由于幼儿主要以形象思维为主，若缺乏直观形象的感知，思维常常会随之停止或转移。教师可以充分发挥简笔画简单易操作的优点，在黑板上仅绘制事物的局部或轮廓让学生猜测。这样既能提高学生的学习热情，也能激发他们的想象力。

（2）简笔画有利于培养幼儿的观察能力和记忆力

观察是认识事物的基础。记忆是个体对客观事物进行识记、保持和再认的过程，记忆力影响学生对事物的认知深度。心理学研究表明，同时使用视觉和听觉时，记忆的保持率可达65%。绘画作为直观手段，是发展幼儿观察力和思维能力的有效方法。由于视觉、听觉和触觉同时作用，在幼儿的意识中形成了一种心理学上称之为"情绪记忆"的内容。因此，图片的使用对学生的认知过程具有非常积极的作用。简笔画能够调动幼儿多种感官的协调活动，从而提高他们的记忆力。

2. 简笔画在教学中的运用

（1）丰富教学语言

将简笔画引入课堂教学，能够丰富教师的教学语言和表达方式。在课堂上，教师边讲边画，学生边听边画。这种复合式的教学方法，既拓宽了教师传递信息的渠道，也增加了学生获取知识的途径。

（2）活跃课堂气氛

绘画是幼儿十分喜爱的视觉艺术。教师一旦将生动有趣的简笔画呈现在黑板上，立即会形成学生的视觉兴奋点，课堂气氛因此变得十分活跃。这种轻松愉快的教学情境，能激发学生浓厚的学习兴趣，使其保持持久的注意力，并消除他们的疲劳感。

（3）化解教学难点

教学中有些难以言喻的抽象概念或头绪纷繁的复杂难题，教师仅用口头语言往往说不清、道不明。倘若运用简笔画进行直观教学，将抽象概念变为具体形象，将复杂问题化为简单图示，并积极启发学生的思维，不仅能使许多难点迎刃而解，还能提高学生分析问题和解决问题的能力。

（4）提高教师素质

教师若要在课堂上娴熟自如地运用简笔画与学生交流，课前必须深入理解教学内容，精心设计视觉形象，并加强绘画练习。这是有效提高教师业务素质的方法。

四、简笔画的工具

1. 彩色铅笔

（1）彩色铅笔的外形与普通铅笔相同。其笔芯由彩色铅芯制成，绘画时的握笔方法灵活，可以选用类似于写字的握笔方式，也可以采用素描的执笔方式。

(2) 彩色铅笔由于笔尖较细，能够细腻地表现对象，并且可以用橡皮修改，十分方便。

(3) 彩色铅笔线条的轻重、色块的深浅取决于用力的程度，因此能够很好地表现色彩的深浅变化。

2. 彩色水笔

(1) 色彩艳丽，纯度较高，对比强烈。

(2) 执笔灵活，可选用执笔式。

(3) 单色勾线，物象明确，涂色一般采用平涂的方法。

3. 油画棒

(1) 色相明确，笔触粗犷，适合表现较大的画面。

(2) 握笔时可选用素描执笔法。

(3) 画法较多，表现力强，适合幼儿使用。

4. 粉笔

黑板简笔画是幼儿教师常用的绘画形式之一。教师运用粉笔描绘出幼儿喜爱的形象，这有助于提高幼儿的学习兴趣、增强教学效果、促进幼儿形象思维的发展，具有积极的作用。黑板简笔画具有以下特点：

(1) 工具简便，技法单纯。

(2) 表现力强，运用范围广。

第二节　简笔画的分类与创作要点

一、简笔画的分类

学习简笔画的分类对幼儿十分重要。简笔画涉及的物品繁多，是幼儿认知世界的重要途径之一。通过简笔画的分类，幼儿能够认识物体的形状，开发大脑，促进智力发育。

简笔画可以分为四大类：静物、动物、人物、风景。这些都是幼儿日常生活的重要组成部分。通过简笔画将这些内容表现出来，不仅能够增强幼儿的记忆力，还能够锻炼他们的绘画能力，从而发掘他们某一方面的潜在能力。因此，学习简笔画的分类尤为重要。

二、静物

(一) 静物目标的界定

静物是指相对静止的物体，是简笔画中最常见的表现内容之一。静物在我们的生活中随处可见，如文体用品、家具电器、生活用品、服装鞋帽、交通工具、食物饮料、蔬菜水果等，如图 7-1 所示。它们的形状大多呈几何形，在绘制静物时，只要抓住它们各自的特征，就能很容易地将其表现出来。绘制时，不一定要将某个物体完全呈现出来，某些部分可以省略，但是其主要特征不能省略。

图 7-1　简笔画

对点案例

中班简笔画《我最喜欢的水果》

(1) 愿意与同伴合作开展对水果的讨论，体验不同水果的特征。

(2) 了解不同水果的形状与颜色，初步尝试概括描绘水果的特征。

(3) 能正确运用工具表现不同水果的主要特征，如图 7-2 所示。

图 7-2　食物类

（二）食物类的作画步骤

步骤一：根据食物原图，画出食物的简单几何形状。

步骤二：在几何形状中画出食物的细节。

步骤三：按照结构分割线画出食物的体积。

步骤四：画出食物的细节部分，擦掉多余的线条，并简单上色，如图 7－3 所示。

图 7－3　食物简笔画步骤

模拟实训

结合目标的形状和颜色特征，参照案例，设计“中班简笔画：美食王国”的示范画。

____

____

____

三、动物

（一）动物目标的界定

大自然中的动物种类繁多。根据它们的生活环境、生活习性和形体结构特征，一般可将其分为畜兽、禽鸟、鱼虫三大类。在概括它们的体态特征时，可以用圆形、方形、三角形等图形作为基本形态，在此基础上再添加各自的特征，就能将动物画得既简练又形神兼备。

对点案例

中班简笔画《我与我的小伙伴》

1. 愿意与同伴合作开展对各自喜欢的动物的讨论，体验不同动物的特征。

2. 了解不同动物的结构与颜色，初步尝试概括描绘的各种动物卡通形象。
3. 能正确运用工具表现不同动物的主要特征，如图 7－4 所示。

图 7－4　动物类

（二）动物类的作画步骤

步骤一：根据动物原图，画出不同部位的简单几何原型。
步骤二：在几何原型里画出动物肢体的细节。
步骤三：按照部位画出动物的结构特征。
步骤四：画出动物的细节部分，把多余的线条擦掉，并简单上色，如图 7－5 所示。

图 7－5　动物简笔画步骤

模拟实训

结合目标的形状和颜色特征，参照案例，设计“中班简笔画：动物世界”的示范画。

四、人物

（一）人物目标的界定

人物简笔画是以简笔画的技法描绘人物的一种形式。其线条简洁优美，形态生动，能够表现出各式各样的人物形象。人物简笔画与其他绘画种类中的人物画法有许多相通之处。人物的动态千变万化，简笔画的核心在于抓住人物的主要特征，准确表现其形态。在日常练习中，应注重观察和写生，同时还需要深入研究人物头部、全身的结构以及表情和动态的基本规律与表现技巧。人物简笔画在展现丰富多彩的生活和辅助教学方面具有重要作用。

对点案例

大班简笔画《幸福的一家》

（1）愿意与同伴合作，开展对各自家庭成员的讨论，了解不同年龄、性别的特征。

（2）了解不同年龄的脸部与发型的特征，初步尝试概括描绘各种人物卡通形象。

（3）能正确运用工具表现出不同人物的面部与衣着特征，如图 7－6 所示。

图 7－6　人物类

（二）人物类的作画步骤

步骤一：根据人物原图，画出头部的简单几何形状。

步骤二：在头部几何形状中画出五官的细节。

步骤三：按照部位画出人物的躯干特征。

步骤四：画出人物的服饰部分。

步骤五：画出服饰的细节，并简单上色，如图 7－7 所示。

图 7－7 人物简笔画步骤

模拟实训

请结合目标的职业和服饰特征，参照案例，设计“大班简笔画：身边最可爱的人”的示范画。

五、风景

（一）风景目标的界定

我们身边的任何一个角落都可以称为“风景”。风景不仅包括自然风光，还包括人造景观，如山川、河流、树木、房屋等。在简笔画中，风景占据着重要的位置。静物在简笔画中通常作为单个形象出现，而风景则是由许多静物组合而成的一幅完整的图画。

学习风景简笔画，可以促使幼儿随时观察周围的景物，提高观察能力。同时，这也有助于培养幼儿的美感，使他们更好地欣赏和感受大自然，激发他们对祖国壮丽山河的热爱之情。

对点案例

大班简笔画《我的家乡》

（1）愿意与同伴合作，开展关于各自家乡风景的讨论，了解不同地区风景的特征。

（2）了解南北风景的特征，初步尝试概括描绘风景的特征。

（3）能正确运用工具表现不同地区、不同季节的风景特征，如图 7－8 所示。

图 7－8　风景类

（二）风景类的作画步骤

步骤一：根据风景原图，画出构图的辅助线。

步骤二：在辅助线的基础上，画出次要地形结构。

步骤三：按照地形线添加小景。

步骤四：完善风景细节并添加基础颜色，如图 7－9 所示。

图 7-9 风景简笔画步骤

模拟实训

请结合目标的地域和季节特征，参照案例，设计“大班简笔画：千里江山”的示范画。

____

____

____

____

____

第三节 简笔画的故事创编

一、创编思想指导

在幼儿教育活动中，孩子们会大声唱儿歌、讲故事、背古诗，一起开心地玩游戏。这些活动内容都是幼儿教育中不可或缺的重要部分。我们可以将这些类别的幼儿教育活动与美术教育活动相结合，让幼儿通过图画的形式进行学习。简笔画在幼儿教育活动中的地位至关重要，涉及听说读写的各个方面。运用简笔画对儿歌、故事、古诗、游戏、节日、季节、活动、天气等进行创编，可以开发幼儿的大脑，激发他们的学习兴趣，增长知识，并提升教学活动的趣味性。因此，运用简笔画进行创编显得尤为重要。

二、故事创编目标

故事的种类很多，包括寓言故事、儿童故事等。将故事中的人物、动物通过绘画形式表现出来，可以激发幼儿的兴趣。同时，画面中直观的形象能够提升幼儿的观察、绘画、阅读和书写能力。

三、创编的步骤

步骤一：构思。如果故事已分段落，需确定哪几段对应一幅图，并找出其中的关键词；如果故事未分段落，则从整句中提炼出关键词。

步骤二：构图。根据所找出的关键词进行形象描绘，可运用修饰等手法表现形象。

步骤三：画出草图并修改，完成正稿。

四、案例指导

乌鸦喝水的故事

很久以前，一只乌鸦口渴了，它找遍四周，却找不到一滴水。乌鸦飞了很久，终于看到远处有一个瓶子，里面有一些水。乌鸦高兴地飞到瓶子旁边，准备喝水。可是，瓶里的水不多，乌鸦的嘴够不到水面。它想了想，找到一些小石子，一颗颗放入瓶中，如图 7－10 所示。瓶里的水位慢慢升高，乌鸦终于能够喝到水了。它喝得十分满足，然后振翅高飞，继续寻找其他水源。

这个故事告诉我们，遇到困难时，不要轻易放弃，而要开动脑筋想办法解决。就像那只乌鸦一样，虽然一开始无法喝到水，但它没有放弃，而是运用智慧找到了解决问题的方法。小朋友们，你们也要学会像乌鸦一样勇敢和聪明。当你们面对困难时，不要畏惧，要相信自己，坚信只要努力就一定能够克服种种挑战。记住，智慧是解决问题的关键！

图 7－10　乌鸦喝水

综合实训

项目名称：美食游乐园

【实训目标】

培养学习者提炼关键词的能力，以及将关键词具象化的创作能力。

【实训准备】

一则关于美食的故事、素描纸、铅笔、橡皮、马克笔。

【实训步骤】

1. 导入

教师可通过视频、故事引入绘画主题。

2. 欣赏

教师应引导学前儿童欣赏优秀作品，也可运用辅助材料及情境创设，帮助学前儿童感受和理解故事内容。

3. 动作表现

教师可以通过提问了解学前儿童对故事的感受和理解程度，并通过摘录关键段落和演示简笔画来进行示范。

4. 实践

教师应鼓励学前儿童在理解故事寓意的基础上，运用基本绘画工具表现故事内容。

【实训评价】

教师可以从以下几个方面对活动进行评价：

（1）学生能否用自己的语言表达对故事的理解。

（2）学生在表达思想的过程中语言是否清晰。

（3）学生是否能够坐在一起讨论故事情节。

（4）学生是否有即兴创作自己故事的愿望。

（5）学生是否能利用手头的工具创作故事的绘画内容。

练习园地

撰写一篇学前儿童《狼来了》的简笔画授课计划及教案

教师课时授课计划

授课日期					
授课班级					

课题：________________

目标与要求：________________

重点与难点：____________________

教学准备：____________________

教学方式：____________________

教学环节设计	教学方法及说明
教学环节从以下几方面体现： 一、活动目标 二、活动准备 三、活动内容 1. 课程导入 2. 课程开始 3. 课程教学 4. 课程结束 四、课后延伸 五、活动反思	

第四节　歌唱是什么

一、认识歌唱

歌唱作为人类音乐文化中的璀璨篇章，不仅是情感表达与交流的天然桥梁，也是心灵深处最质朴旋律的释放。柯达伊的睿语犹在耳畔："你咽喉间蕴藏着一件无与伦比的乐器，一旦你决定唤醒它，其旋律之美，将超越世间任何精致雕琢的小提琴。"相较于其他乐器，歌唱以其独特的亲和力，成为引领儿童步入音乐殿堂最为顺畅的阶梯。

在学前儿童的斑斓世界里，歌唱不仅是音乐生活的核心元素，也是日常生活中不可或缺的温馨陪伴。从托儿所的嬉戏玩耍到幼儿园的每一个角落，乃至街头巷尾、摇晃的公交车上，总能捕捉到那些稚嫩而欢快的歌声。它们如同天籁，温暖人心。学前儿童以其纯真的心灵，迅速吸收着每一首健康、愉悦的歌曲。随后，这些旋律便化作他们自我娱乐与社交互动的甜蜜媒介。歌唱，就这样自然而然地融入他们的成长轨迹。

歌唱的教育影响深远而广泛。它如同细雨润物，在无声中陶冶儿童的情操，启迪智慧的火花，使思维更加活跃，品格日益完善，身心得到全面锻炼与滋养。在歌唱过程中，儿童不仅沉浸于歌词的深意和旋律的优美，享受双重美的洗礼，同时他们的呼吸与发声器官也在不知不觉中得到锻炼，心理状态维持在一种开放和谐的调节状态，促进身心健康发展。

更为重要的是，歌唱本身蕴含着丰富的音乐知识与技巧，是提升学前儿童音乐欣赏能力的有效途径。通过歌唱，学前儿童能够培养对音乐的敏锐感知力和表现力。这不仅是他们音乐素养的基石，也是未来艺术道路上不可或缺的宝贵财富。因此，歌唱不仅是学前儿童生活中的亲密伙伴，也是他们音乐旅程中不可或缺的引导者与同行者。

二、歌唱的教育内容

学前儿童歌唱教育的内容主要包括歌曲（含节奏朗诵）、歌唱的表演形式、理解和表现歌曲的基础知识与技能以及嗓音保护知识等。

歌曲作为文学与音乐的完美融合，具有双重的审美魅力，为学前儿童开启了一扇通往多彩现实与深邃精神世界的窗户。它不仅引领孩子们以全新视角审视周围的事物，还引导他们跨越界限，探索未知与幻想的世界，从而丰富并深化他们的内心。

那些充满艺术感染力的歌曲，宛如情感的甘霖，滋养着学前儿童的心灵，激发他们展现出积极向上的精神面貌。这些歌曲引导孩子们重新审视并体会日常生活中的美好品质，如友爱、分享、宽容、勇敢、勤劳和公正，使他们的心灵在歌声中得到升华。

此外，通过学习世界各国的歌曲，学前儿童得以跨越国界，领略不同民族的音乐文化，拓宽文化视野，培养全球视角下的文化理解与尊重。尤为值得一提的是，那些真正杰出的歌曲，如同神奇的钥匙，解锁了学前儿童想象力的宝库，激发了他们联想与创造的无限潜能，让他们的思维在自由的天空中翱翔。

节奏朗诵这一艺术形式，作为艺术与音乐交织的独特表现，虽无旋律之绕梁，却同样蕴含着音乐的精髓。它在我国悠久的戏曲与曲艺传统中早有体现，自 20 世纪 80 年代引入儿童音乐教育以来，便以独特的魅力吸引了无数小听众。节奏朗诵融合了音高、音色、强弱、速度、节奏与结构等多重音乐元素，展现出非凡的艺术表现力。其内容广泛，从诗词歌赋到日常用语，从简单的词组到复杂的唇齿音，无一不彰显其多样性。在各级学校中，节奏朗诵不仅是音乐教育的重要组成部分，还与现代歌唱艺术相结合，催生了众多专业作品与精彩表演。对于学前儿童而言，节奏朗诵因其易于掌握的特点，成为他们探索音乐世界的有效方式。

第五节　歌唱的教育活动

《纲要》中指出，要让孩子“喜欢参加艺术活动，并能大胆地表现自己的情感和体验”。歌唱活动是人们表达情感的一种方式，也是学前儿童表达情感的重要途径。他们感到高兴时，往往会情不自禁地唱歌，以此表达愉悦的心情。唱歌是孩子最喜爱的音乐形式之一，是他们接触和学习音乐的基础。

一、歌唱的形式

歌唱的形式是歌唱活动中参与者数量、相互协作方式以及伴随表演元素交织而成的艺术表现总和。它既可以是独唱者的浅吟低唱，也可以是多人乃至众人共同演绎的心灵交响。参与者们可以同步演绎相同的旋律与歌词，共绘和谐之音；也可以各自承担不同旋律与唱词，编织多彩乐章；更有轮流交替的演唱方式，展现灵活多变的合作艺术。此外，歌唱者还可在歌声中融入轻盈的体态、自舞的韵律，甚至结合自我伴奏或他人的伴奏与舞蹈，使音乐之旅更添生动与活力。

在学前教育的温馨舞台上，儿童们正逐步掌握多种歌唱形式（含节奏朗诵）。其中最为常见的包括：独唱——个人风采的独立绽放；齐唱——集体力量的和谐共鸣；领唱齐唱——引领与跟随的默契配合；轮唱——交替起伏的旋律接力；合唱——多声部声音的交响乐章；歌唱表演——集歌唱、舞蹈与表演于一体的综合艺术展现。结合学前儿童特有的学习特点与活动喜好，这些歌唱形式不仅丰富了他们的音乐体验，也在无形中促进了社交技能、团队协作能力与创造力的发展。

（一）独唱

独唱是指一个人独立地歌唱或独自表演。

（二）齐唱

齐唱是指两个或两个以上的人一起整齐地演唱同一首歌曲，包括分组轮流齐声演唱歌曲的某些部分。

（三）领唱齐唱

领唱齐唱是指一个人或几个人演唱歌曲中的主要部分，集体演唱歌曲中的配合部分。

（四）合唱

合唱形式多样，其中包括：一个声部演唱歌词，另一个声部以相同旋律演唱衬词；一个声部通过哼鸣方式演唱旋律，另一个声部按照节奏进行歌唱；一个声部演唱歌词，另一个声部在休止或延长音处演唱填充式的词曲；一个声部演唱歌词，另一个声部演唱固定音型或延长音等。

二、歌唱的简单知识和技能

学前儿童可以掌握的歌唱知识和技能主要有以下几点：

（一）正确的歌唱姿势

学前儿童应保持正确的歌唱姿势，如身体正直、两眼平视、两肩放松、两臂自然下垂。坐着歌唱时，不能靠在椅背上。

（二）正确的发声方法

学前儿童应采用正确的发声方法，如下巴放松、嘴巴自然张开、不大声喊叫、不过度控制音量等。

（三）正确的呼吸方法

学前儿童应采用正确的呼吸方法，如自然吸气、均匀用气、吸气时不耸肩，一般不在句子中间换气等。

（四）正确的演唱歌曲

学前儿童在歌唱时，应致力于准确呈现歌词，精准把握节奏与旋律的流动。同时，通过自然流畅且恰到好处的面部表情和肢体语言，赋予歌声真挚的情感。所谓“有感情的歌唱”，即是要求儿童在演唱过程中，能够初步运用咬字清晰、吐字圆润的技巧，以及巧妙控制气息，灵活处理断连变化，结合歌曲的速度调节与力度强弱转换等艺术手法，细腻传达歌曲所蕴含的情感与意境。这种通过基础演唱技巧展现内心情感波动的能力，正是声音独有的情感表达，即声音的“表情”。

需要注意的是，鉴于学前儿童的年龄特征与发展阶段，他们对于这些技巧的掌握与应用尚处于初步探索阶段。然而，他们纯真无邪的表达方式往往能赋予歌声独特的感染力。

（五）正确的与他人合作

学前儿童在齐唱时不刻意突出自己的声音；在轮流歌唱时，能够准确地与他人或其他声部衔接；在轮唱或合唱时，努力保持各声部之间在音量和节奏上的协调。同时，在内心情感体验、声音表现、面部表情和动作方面，与集体保持协调一致。

（六）保护嗓音

一些保护嗓音的简单知识也是学前儿童应当掌握的，例如：不长时间大声喊叫或唱歌；不在剧烈运动时大声喊叫或唱歌；不在剧烈运动后立即唱歌；不在空气污浊的环境中唱歌；不迎风唱歌；不在伤风感冒或咽喉发炎时唱歌；等等。

三、歌唱材料的选择

歌唱的主要材料是歌词。在学前儿童音乐教育活动中，歌词占据着重要地位。为学前儿童选择的歌曲，其歌词应具备以下特点：

（一）内容与文字要有趣并易于理解

学前儿童的生活经验较为有限，理解事物和语言的能力尚不强。因此，所选歌词的内容和文字首先应确保能够为儿童所理解，否则难以引发他们的兴趣和情感共鸣。其次，歌词的内容和形象应是儿童较为熟悉与喜爱的，例如动物、植物、自然景象、交通工具、儿童自身的身体部位、他们的日常生活与活动，以及他们熟悉的成人活动等。最后，歌词的文字应生动有趣，比如使用押韵、重复，加入象声词、衬词、感叹词或无意义的音节，并采用夸张、诙谐等创作手法。

（二）内容应适合用动作表现

学前儿童的活动，无论是说话还是歌唱，常常伴随着动作。如果歌词本身适合用动作表现，则歌曲更容易被儿童喜爱和接受。此外，这种边唱边做动作的方法不仅有助于儿童记忆歌词、发展节奏感和动作协调性，还能更好地帮助他们表达情感。

（三）歌词应具有潜在的情感价值

学前儿童应体会歌曲中的情感，如《好妈妈》中的慈爱之情、《我有一个好爸爸》中的自豪之情、《我爱北京天安门》中的赞美之情等。

（四）歌词结构应简单，多含重复

学前儿童天性喜爱自由编唱。结构简单且多重复的歌词容易满足儿童的这一需求。

结构简单主要是指句子中所含的词汇较少，语法结构较简单。多重复主要是指句子与句子之间在长度、结构、节奏等方面相同或相近之处较多。这种简单且多重复的歌词结构，可以为儿童提供更多自由编唱的机会。例如《我的小手》这首歌中，前三句歌词都是“我有小手我拍拍”，最后一句是“我用小手帕”。儿童在自由编唱时，不仅可以唱出“小手”能做的各种动作或事情，还可以唱“小脚”“小嘴”等身体部位。再如《胡说歌》中，第一、第三、第五句都是“你把袜子套在耳朵上吗”，第四句仅省去了“你把”两个字。儿童在编唱时，可以用其他事物代替“袜子”。

此外，简单且重复的歌词更易于儿童理解和记忆。例如，《我爱我的小动物》这首歌中，每段歌词仅在小动物的名称和叫声上有所不同，其余部分完全相同；而在《十个绿瓶子》这首歌中，每段之间仅瓶子的数量逐渐减少，其余歌词保持一致。学前儿童演唱此类歌曲时，语言记忆的负担较轻，从而能够将更多精力投入享受歌唱和伴随动作的乐趣中。

（五）处理好学前儿童现状与学前儿童发展之间的关系

教育者在为学前儿童挑选歌曲时，应秉持平衡而富有远见的视角。一方面，确保所选歌曲的歌词符合学前儿童的理解水平，这是激发他们兴趣并促进情感共鸣的关键。另一方面，可以精心选择一些虽暂时超出学前儿童理解能力，但具有艺术价值和文化深度的优质歌词。这些歌词在旋律的衬托下，凭借其独特的节奏感和韵律美，往往能够轻易俘获儿童的心，使他们在潜移默化中接受并存储下来。

这些暂时难以完全理解的歌词，如同一颗颗种子深植于儿童的心田。随着时间的推移，当儿童的经验日益丰富，认知逐渐深化，这些种子便会在适宜的条件下生根发芽，绽放出新的理解与感悟。它们不仅丰富了儿童的语言储备，还可能成为他们未来学习、思考和创造的重要素材，被灵活地应用到各种新的情境与经验之中。

因此，教育者在选择歌曲时，应巧妙把握“易理解”与“挑战性”之间的比例，以易于理解的内容为主，同时适度引入少量具有挑战性的精品歌词。这样的选择策略，既符合学前儿童的发展特点，又能为他们的长远发展奠定基础，促进他们在语言、知识、思维能力等多个方面全面发展。

四、曲调的选择

为学前儿童选择的歌曲，其曲调应具有以下特点：

（一）音域比较狭窄

学前儿童一般不适合演唱过高或过低的音。因此，在为学前儿童选择歌曲时，不宜选择音域较宽的作品。儿童在平时歌唱中出现喊叫或跑调的现象，往往也与歌曲的音域不合适有关。各年龄段的合适音域大致如下：

2～3 岁：c^1～e^1

3～4 岁：c^1～a^1

4～5 岁：c^1b～2

5～6 岁：c^1～c^2

总体上，所选歌曲的音域应控制在上述范围之内。但偶尔有个别歌曲的音域超出这个范围，只要不是长时值的音，且不停留在强拍上，且出现次数不多，仍是可容许的。

(二) 节奏比较简单

在探讨为学前儿童选择歌曲的节奏、节拍与速度时，我们需从广义的节奏概念出发，全面考虑时值长度、节拍规律及速度变化对学前儿童音乐感知和表达的影响。

对于 4 岁以前的幼儿，其音乐感知能力尚处于初步发展阶段，因此应优先选择节奏简单明了、易于掌握的歌曲。二分音符、四分音符和八分音符的组合构成了这一年龄段儿童歌曲节奏的基础，偶尔加入的附点音符能够适度增加音乐的趣味性，而不至于使其过于复杂。此外，2/4 拍和 4/4 拍因其稳定的节拍感，更易于学前儿童跟随；而 3/4 拍则可作为偶尔的尝试，以丰富学前儿童的音乐体验。

随着学前儿童年龄增长至 4～6 岁，其音乐感知与表现能力也随之提升。此时，可逐渐引入包含少量十六分音符及更多附点音符的歌曲，同时增加切分音等稍复杂的节奏元素，以激发学前儿童的探索欲与挑战欲。节拍方面，除了继续以 2/4 拍和 4/4 拍为主，3/4 拍和 6/8 拍的歌曲也应成为选择的重要部分，这些节拍能够带给儿童不同的音乐感受，培养他们对复杂节拍的敏感性。特别是为了发展儿童对“弱起”音乐的感知能力，可挑选一些从弱拍开始的乐句的歌曲。

用较快速度演唱或用较慢速度演唱，对于学前儿童来说都存在困难。因此，为 4 岁以下的学前儿童选配歌曲时，宜采用中等速度的歌曲。4～5 岁的学前儿童较易兴奋，除了可以为他们多选择轻快活泼的歌曲，还应注意挑选一些安静而稍慢的歌曲，以陶冶他们的性情。5～6 岁的学前儿童已具备一定的控制呼吸和发音器官的能力，也能够较好地控制自己的情绪，具备使情绪与歌曲内容表达相一致的能力。因此，可以为他们选择速度稍快或稍慢的歌曲，还可以选择一些包含速度变化的歌曲。

(三) 旋律比较平稳

在为学前儿童挑选歌曲时，旋律的平稳尤为重要。学前儿童更擅长掌握三度及以下音程，包括同音重复，而小二度音程对他们来说较难唱准。四度、五度和八度音程相对容易，但六度和七度音程对大多数学前儿童而言仍是挑战。因此，建议为学前儿童选择旋律平稳、音程关系简单的歌曲，可适当包含三度以上的音程跳进，但需避免连续的大幅度音程跳跃，以确保学前儿童能够轻松愉快地享受歌唱过程。

(四) 结构比较短小工整

在为学前儿童挑选歌曲时，需特别注重歌曲结构的适宜性。对于 4 岁前的幼儿，建议选择结构紧凑、简洁明快的歌曲，通常包含 2～4 个乐句，总长度控制在 8 小节左右。这样既能保持学前儿童的注意力，又能确保他们轻松掌握。随着学前儿童年龄增长至 4 岁以上，可适当增加歌曲的复杂度和长度，乐句数量可扩展至 6～8 个，总长度也可延长至 16～20 小节，以满足他们日益增长的音乐需求。

在乐句长度上，同样需遵循儿童发展的自然规律。对于学前儿童而言，乐句不宜过长，以保持其歌唱的连贯性和舒适度。在中等速度下，2/4 拍的歌曲建议每句 4 小节，3/4 拍的歌曲则每句以 6 小节为宜。对于 5～6 岁的学前儿童，在快速歌曲中可适当尝试稍长的乐句，但总体上仍应以短小精悍为主。

此外，学前儿童歌曲的结构应以简单工整为原则。特别是对于 4 岁前的学前儿童，歌曲的各乐句之间应保持长度相等、节奏相似，并尽量避免间奏、尾奏等复杂元素。随着学前儿童年龄的增长，5～6 岁的学前儿童可逐渐接触含有间奏、尾奏及少量不工整乐句的歌曲，但总体上仍应偏向工整的结构。在歌曲体裁上，一段体或一段体的分节歌最适合学前儿童，而简单的两段体或三段体歌曲则可作为偶尔的尝试，以丰富他们的音乐体验。

五、歌唱伴奏编配与实例讲解

幼儿歌曲弹唱是学前教育专业的一项专业技能。在儿童歌曲创作中，常用的和弦变化形态有柱式和弦伴奏音型、半分解和弦伴奏音型和分解和弦伴奏音型三种。伴奏音型是指将和声语言运用于具体作品的一种有目的、有组织、有规律的陈述形式，它是塑造音乐形象、表现乐曲内涵和渲染气氛的重要手段。由于儿歌具有篇幅短小、旋律简洁、节奏单一的特点，因此在伴奏音型的选择上也趋于简化。

（一）柱式和弦伴奏音型

右手弹主旋律，左手弹柱式和弦。

柱式和弦伴奏音型是指所有和弦音符同时发声，并以一定的节奏重复。这类伴奏音型通常适用于雄壮刚健的歌曲（如进行曲）。例如，《中国少年先锋队队歌》即采用了柱式和弦伴奏音型。

中国少年先锋队队歌

周郁辉　词曲
寄　明　编配

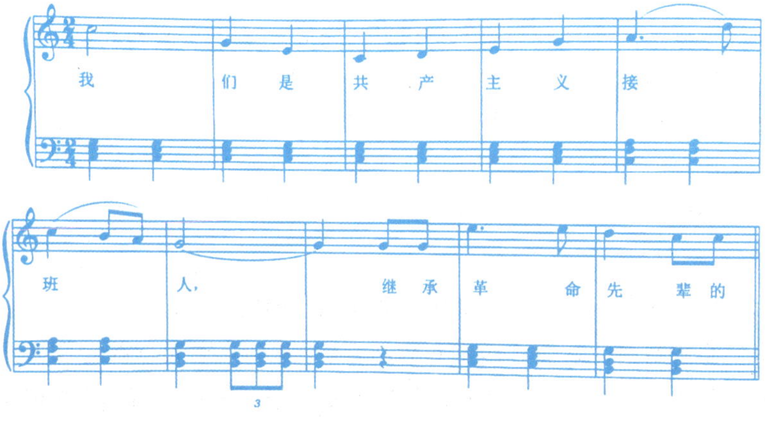

我　们　是　共　产　主　义　接

班　人，继　承　革　命　先　辈　的

弹唱范例

小松树

弹奏提示

歌曲《小松树》为 C 大调，风格明快，律动性强，因此采用柱式和弦伴奏音型。在和声的配置上，选用Ⅰ、Ⅳ、Ⅴ级和弦，歌曲的终止部分则为Ⅰ—Ⅴ—Ⅰ的处理。歌曲的伴奏声部主要采用每小节一个二分音符的柱式和弦伴奏音型，弹奏者在弹奏过程中也可尝试采用四分音符为一拍的柱式和弦伴奏音型，以加强歌曲的律动感。

(二) 半分解和弦伴奏音型

左右手交换弹主旋律和半分解和弦。

半分解和弦伴奏音型是指将和弦中的音分解成单音和双音，以单音和双音的形式有规律地交替弹奏。这类伴奏音型通常适用于轻快活泼的歌曲，如舞曲。例如，《珍珠般的音阶》就采用了半分解和弦伴奏音型。

珍珠般的音阶

弹唱范例

喀秋莎

弹奏提示

《喀秋莎》是一首第二次世界大战时期苏联的经典歌曲。战后，苏联当局为了表彰《喀秋莎》在战争中所起到的巨大鼓舞作用，专门为它建立了一座纪念馆，这在人类战争史和音乐史上实属首例。

该歌曲为 E 小调，旋律流畅柔美，伴奏部分采用半分解和弦音型配合歌曲的主旋律。在和声配置上，选用Ⅰ、Ⅳ、Ⅴ级和弦，歌曲的终止部分则为Ⅴ—Ⅰ的正格终止处理。此外，歌曲还灵活运用了Ⅳ、Ⅴ级和弦的原位及其转位，丰富了歌曲伴奏和弦的类型。

（三）分解和弦伴奏音型

右手弹主旋律，左手弹分解和弦。

分解和弦伴奏音型是指将和弦中的各音分解为单音进行有规律的弹奏。这类伴奏音型通常适用于深情柔美的歌曲，如抒情歌曲或舞曲。例如，《渴望春天》就采用了分解和弦伴奏音型。

渴望春天

弹唱范例

粉刷匠

弹奏提示

歌曲《粉刷匠》为 F 大调，情绪活泼跳跃，表现了主人翁愉快的情绪。根据歌曲旋律，可选用分解和弦伴奏音型，为了避免音型单一，第 3、7、11、15 小节处对音型做了适当的调整。

在和声配置上，选用 I、V 级和弦，歌曲的终止部分采用 V—I 的处理。歌曲以 4 小节为一乐句，共四乐句，属于典型的起、承、转、合结构。第一乐句与第二乐句有重复、有对比，第三乐句有所变化，第四乐句重复了第二乐句。

第六节　学前儿童歌唱活动的指导

学前儿童天生具有追求艺术的需求，他们对歌唱活动表现出浓厚的兴趣，并拥有自己的审美标准。通过参与歌唱活动，学前儿童不仅学习歌唱技巧，还掌握了一定的表演形式。然而，幼儿园教师在开展歌唱活动时，常常会感到困惑。如何让幼儿轻松接受音乐活动，并乐于主动参与歌唱，已成为教学中的重要课题。因此，在歌唱活动的实施过程中，选择合适的歌唱材料和技巧至关重要；同时，教师的引导方式和教学方法的运用，也对活动效果起着举足轻重的作用。

一、思想指导

在学前儿童歌唱活动中，教师应引导学前儿童在歌唱和说话时倾听自己的声音，并学习控制声调的高低。学前儿童需努力使自己的演唱与乐器的音高一致，学会辨别和再现所听到的声音，确保自己唱出的音高与听到的音高相匹配。这将帮助他们的声音与听到的声音逐渐靠拢，从而体验到和谐的感觉，并在活动中逐步建立音准感。同时，教师应注重发展学前儿童发声器官的协调能力，从听觉和发声两个方面培养他们的音准。在幼儿园中，要让学前儿童体验集体歌唱的快乐，使他们在这一过程中亲身体验并认识到自己是集体的一部分。这不仅让学前儿童通过音乐与集体共同表现自我，还帮助他们获得独立活动的能力与经验。

二、指导目标

教师应培养学前儿童对歌曲作品的感受力和理解力，不断丰富他们的音乐聆听与演唱经验，满足其歌唱需求。同时，引导他们以愉悦的情绪进行歌唱，并在学唱过程中培养其歌唱表现力，促进其全面素质的提升，包括协调能力、自控能力和审美能力。

学前儿童歌唱活动的具体指导目标包括以下几个方面：

（1）用愉快的心情歌唱。

（2）在理解歌词的基础上学唱。

（3）用自然的声音歌唱（听琴声轻轻唱）。

（4）唱出歌曲的感情。

三、指导措施

（一）选择适合学前儿童的歌曲

1. 简单的歌曲

根据学前儿童的需求，教唱简单的童谣和儿歌，歌词应与学前儿童的生活相关。

2. 合适的教材

选择的教材要适应学前儿童音乐学习规律和身心发展水平（或满足整体教育所需的内容）。

（二）具体指导步骤

1. 从曲调简单的歌曲入门

初始阶段从简单的 sol、mi、la 音调的歌曲入手，并根据学前儿童身心发展状况及其音乐经验的积累逐步提升难度。

2. 学唱

让学前儿童在聆听和跟唱歌曲的基础上学唱，增强其音乐印象。教师应创设情境，帮助学前儿童理解歌曲内容，丰富学前儿童的各种体验（如绘画、谈话、观察、游戏、动作等）。

3. 歌唱活动

活动中既有集体唱又有小组唱，既有轮流唱又有独唱。

4. 情绪

学前儿童在愉快时也不宜用大声叫喊的方式唱歌。

5. 技巧

学前儿童要准确地唱出歌曲的节奏，把握歌唱时运气和休止的感觉。

6. 经验

教师应经常与学前儿童一起歌唱，捕捉他们成功的闪光点，帮助其积累歌唱经验。

7. 复习

学前儿童通过用多种形式（如配乐器伴奏、合作演唱、表演游戏等）重复演唱同一首歌曲，并加强复习。

8. 表演

学前儿童可以歌唱、边创编，以自由的动作配合节奏表演。

9. 创造

学前儿童可以编或创编歌词。

（三）指导方法

1. 整体学唱法

教师在新授歌曲时，应引导学前儿童在欣赏和感受的基础上进行整体学唱，以体会歌曲的整体美。

2. 分句练唱法

当学前儿童整体学唱歌曲后，教师可运用此方法帮助他们听音、正音，处理吐字、咬字。可以引导学前儿童自由围在教师的钢琴旁进行听唱，发音要清晰。同时需要注意的是，教师必须结合歌曲的内容和情境进行指导，摒弃枯燥的机械练习。

3. 装词学唱法

学前儿童在欣赏歌曲时，通过听辨感知旋律和节奏，并用击掌加以表现，随后将有节奏的儿歌填充到歌曲的旋律中，以培养学前儿童在听辨基础上快速学唱歌曲的能力。

（四）教学程序

1. 导入

教师可通过儿歌、故事引出歌曲主题。

2. 欣赏

教师应引导学前儿童欣赏歌曲，并运用辅助材料和情景创设来帮助他们感受与理解歌曲内容。

3. 动作表现

教师应鼓励学前儿童在听辨歌曲旋律的基础上，用动作（如拍手、拍腿、拍肩）表现歌曲的节奏旋律。

4. 提问

教师可以通过提问了解学前儿童对歌曲的感受和理解程度，并通过演唱歌曲中的摘句进行总结。

5. 节奏朗诵

教师应引导学前儿童按歌曲的旋律、节奏朗诵歌词。

6. 装配歌词

教师应鼓励学前儿童听辨歌曲旋律，将歌词填入旋律。

四、指导内容

（一）小班

小班的指导内容如下：

（1）学生聆听歌曲的前奏，感受前奏的开始和结束。

（2）学生聆听音乐，跟唱简短的歌曲。

（3）师生对唱歌曲。

（二）中班

中班的指导内容如下：

（1）学生听音模唱（五声音阶）。

（2）学生听旋律拼装儿歌。

（3）学生听简单乐句编唱。

（三）大班

大班的指导内容如下：

（1）学生听音模唱（七声音阶）。

（2）学生听乐句编唱。

（3）学生填词模唱。

（4）学生创编歌曲。

（5）学生自编自唱。

（6）学生录音分析，包括听歌曲、唱歌曲、处理歌曲、自唱自录。

（7）学生分组轮唱。

（8）齐唱、领唱、合唱（二声部、多层次）。

（9）独唱。

（10）音阶接龙。

五、活动评价

教师可以从以下几个方面对活动进行评价：

（1）学生能否用自然的声音愉快地唱歌。

(2) 学生歌唱时语言是否清晰。
(3) 学生歌唱时节奏是否正确。
(4) 学生歌唱时音程是否正确。
(5) 学生是否有即兴创作自己曲调的能力。
(6) 学生是否能一起合唱。
(7) 学生是否能记住学过的歌曲。
(8) 学生能否在日常生活中轻松地唱歌。
(9) 学生能否独唱。
(10) 学生能否用正确的姿势歌唱。

练一练

撰写一篇学前儿童歌唱活动的授课计划及教案

教师课时授课计划

教师：

授课日期					
授课班级					

教师：________

课题：________

目标与要求：________

重点与难点：________

教学准备：________

教学方式：________

教学环节设计	教学方法及说明
教学环节从以下几方面体现： 一、活动目标 二、活动准备 三、活动内容 1. 课程导入 2. 课程开始 3. 课程教学 4. 课程结束 四、课后延伸 五、活动反思	

参考文献

[1] 许丽萍，卢燕．儿童立场下幼儿园生活环节的组织［M］．南京：南京师范大学出版社，2022.

[2] 吕颖．幼儿园一日生活组织与实施［M］．北京：北京师范大学出版社，2016.

[3] 施燕，韩春红．学前儿童行为观察［M］.2版．上海：华东师范大学出版社，2022.

[4] 卢筱红，付欣悦，毛淑娟．幼儿游戏行为观察与研讨［M］．北京：北京师范大学出版社，2020.

[5] 刘焱．儿童游戏通论［M］．北京：北京师范出版社，2004.

[6] 程英．学前儿童艺术教育与活动指导［M］.2版．上海：华东师范大学出版社，2021.

[7] 武旭晌，张天羽，张向葵．在园幼儿学期内攻击性行为的发展特点：基于观察的短期追踪研究［J］．陕西教育学院学报，2020，36（12）：44－59.

[8] 刘畅．高职院校学前教育专业实践教学体系的构建研究［J］．黑龙江教师发展学院学报，2021，40（8）：76－78.

[9] 梁欣洁．幼儿合作行为的发展与培养研究［D］．武汉：华中师范大学，2013.

[10] 李英姬．从“关注行为问题”到“聚焦师幼关系”：美国特殊幼儿行为问题干预策略探究［J］．中国特殊教育，2022（7）：23－31.

[11] 门少娟，胡理业，戴红梅．幼儿自主游戏中的教师评价［J］．学前教育研究，2022（7）：87－90.

[12] 毛宁．幼儿数学核心经验的内涵、存在问题及实施策略［J］．学前教育研究，2023（4）：91－94.

[13] 韩若伊，曾彬．幼儿园集体教学活动中教师追问行为的观察研究［J］．内蒙古师范大学学报（教育科学版），2024，37（4）：48－58.

[14] 刘焰奕，谭强．幼儿园开展科学实验活动的价值意蕴、现实困境及改进策略［J］．成都师范学院学报，2024，40（1）：95－103.

[15] 韩曜阳，杨晓萍，童琳．学前儿童社会偏好对游戏行为的影响［J］．教育与教学研究，2024，38（1）：103－115.

[16] 李翔．幼儿园故事教学的实施策略［J］．学前教育研究，2012（5）：64－66.

[17] 吕彩萍．幼儿园生成性教学资源的开发和应用［J］．学前教育研究，2013（5）：67－69.

[18] 冯淑霞. 幼儿园语言教学活动中教师有效提问的策略 [J]. 学前教育研究, 2014 (6): 70-72.

[19] 黄静. 幼儿园情境性数学教学活动的实施策略 [J]. 学前教育研究, 2018 (10): 64-66.

[20] 蔡黎曼. 积木游戏对学前儿童认知能力发展的影响 [J]. 华南师范大学学报 (社会科学版), 2018 (5): 89-95.

[21] 金艳. 幼儿园艺术教学活动中存在的问题与解决策略 [J]. 学前教育研究, 2015 (5): 58-60.

[22] 胡芳强. 幼儿园集体教学活动的情境创设应有始有终 [J]. 中国教育学刊, 2016 (10): 107-108.

[23] 王阳, 张琳爽, 崔楠楠, 等. 4～6 岁幼儿口语产生中句法结构和动词重复的作用: 来自句法启动的证据 [J]. 心理学报, 2023, 55 (10): 1608-1622.

[24] 门少娟, 胡理业, 戴红梅. 幼儿自主游戏中的教师评价 [J]. 学前教育研究, 2022 (7): 87-90.